U0574594

本书受到北京师范大学教育学部 2019 年度学科建设综合专项资金资助

高等职业教育的资源配置

刘云波 著

A STUDY ON RESOURCE ALLOCATION OF
HIGHER VOCATIONAL EDUCATION
IN CHINA

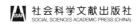
社会科学文献出版社
SOCIAL SCIENCES ACADEMIC PRESS (CHINA)

目 录

第一章　我国高等职业教育的发展与资源配置概述

一　我国职业教育发展历程

截至 2017 年底，全国共有独立设置的高等职业（专科）学校 1388 所，在校学生数为 1105 万人，占到普通高等教育在校学生总数的 40.1%；招生数为 343.2 万人，占普通高等教育总招生规模的 45.8%；毕业生为 329.8 万人，占普通高等教育毕业生总数的 46.8%（刘昌亚、李建聪，2018）。高等职业教育已经占据了中国高等教育的半壁江山，成为培养高技能人才的主要基础力量。高等职业教育的快速发展，满足了人们接受高等教育的强烈需求，促进了高等学校入学机会均等，为我国在 21 世纪初实现高等教育大众化发挥了重要作用。同时，高等职业教育为社会培养了数以千万计的高素质技能型专门人才，为我国的工业化进程提供了重要的人力资源，为国民经济的快速发展做出了重要贡献。

改革开放以来，经过数十年的发展，我国高等职业教育逐步从规模发展转向内涵建设。高等职业教育的发展历程大致分为四个阶段。

（一）20 世纪 80 年代初至 90 年代中后期，高等职业教育的雏形阶段

改革开放后，为了适应地方经济快速发展对技术应用型人才的迫切需求，兴办职业大学的设想成为现实。1980 年，教育部批准成立了南京金陵职业大学、江汉大学等 13 所短期职业大学。这些学校属于专科层次，学制

为三年，专业设置完全以地方经济和社会发展需要为依据，灵活多样。1982年，全国五届人大五次会议上提出："要试办一批花钱少、见效快、可收学费、学生尽可能走读、毕业生择优录用的专科学校和短期职业大学。"这些短期职业大学，用较少的资源、较小的投入，提供了更多的上学机会，解决了当时社会人才紧缺问题。以短期职业大学成立为标志，国家明确提出了高等职业教育发展问题。1985年《中共中央关于教育体制改革的决定》（以下简称《决定》）首次提出"积极发展高等职业技术院校，逐步建立起一个从初级到高级、行业配套、结构合理又能与普通教育相互沟通的职业技术教育体系"。《决定》提出"高中毕业生一部分升入普通大学，一部分接受高等职业技术教育"，并提出"高等职业技术院校，优先对口招收中等职业技术学校毕业生以及有本专业实践经验、成绩合格的在职人员入学"。值得注意的是，《决定》首次提出"高等职业技术院校"，将其定位为高中后实施，有别于普通教育并与行业配套的一种新的教育类型，可以说这是中国高等职业教育创立的标志。

进入20世纪90年代，中国政府从政策及法律层面进一步明确了高等职业教育的办学体制和管理模式，提出多渠道筹措教育经费，使得高等职业教育得以稳步发展。下面分别从管理体制、办学体制和财政体制方面梳理相关政策。

在管理体制方面，1991年国务院颁发的《国务院关于大力发展职业技术教育的决定》提出"发展职业技术教育的主要责任在地方，关键在市、县"，将高等职业教育的管理责任下放。1993年的《中国教育改革和发展纲要》以及随后的一系列政策文件进一步明确了高等职业教育的管理职责在于地方，将高职院校的办学审批与管理权下放到省级政府，并且把高职经费投入的大部分责任也归于地方政府。这不可避免地导致各地高等职业教育的发展不均衡。

在办学体制方面，1994年，全国教育工作会议明确提出"通过现有的职业大学、部分高等专科学校和独立设置的成人高校改革办学模式，调整培养目标来发展高等职业教育。仍不满足时，经批准利用少数具备条件的重点中等专业学校改制或举办高职班等方式作为补充来发展高等职业教育"。

1996年《中华人民共和国职业教育法》（以下简称《职业教育法》）出

台，第一次在法律层面规定了高等职业教育在中国职业教育体系中的地位，规定"职业教育分为初等、中等、高等职业学校教育"。1998 年颁布的《中华人民共和国高等教育法》提出，"高等学校是指大学、独立设置的学院和高等专科学校，其中包括高等职业学校和成人高等学校"。这也明确了高等职业教育的定位，首先类型上属于职业教育，其次层次上属于高等教育范畴，是职业教育的高级阶段。

1998 年《面向 21 世纪教育振兴行动计划》提出，"部分本科院校可以设立高等职业技术学院"。1999 年，教育部和国家计委颁发《试行按新的管理模式和运行机制举办高等职业技术教育的实施意见》（以下简称《实施意见》），明确提出高等职业教育由以下机构承担：短期职业大学、短期技术学院、具有高等学历教育资格的民办高校、普通高等专科学校、本科院校内设立的高等职业教育机构（二级学院）、经教育部批准的极少数国家级重点中等专业学校、办学条件达到国家规定合格标准的成人高校。虽然这六类教育机构作为高等职业教育的办学主体，在当时极大地促进了高等职业教育的发展，但弊端也很突出。本科院校、民办高校和成人高校等在办学模式、教学组织、师资队伍等方面都与高等职业教育有明显的差异，在人才培养模式上难免出现偏差，这在一定程度上影响了高等职业教育的人才培养质量。

在财政投入方面，1991 年国务院颁发的《国务院关于大力发展职业技术教育的决定》［以下简称《决定》（1991）］指出，"各级政府、各级财政部门、各有关业务主管部门及厂矿企业等要从财力和政策上支持职业技术教育的发展，努力增加对职业技术教育的投入。各级各类职业技术学校的业务主管部门要根据财力可能和事业发展的需要，商同级财政部门，制定本地区、本部门（行业）职业技术学校的生均经费标准"。《决定》（1991）以文件的形式规定了政府和行业对职业教育的投入责任，但这一责任规定得比较模糊，尤其是生均经费标准在随后的实践中并没有得到认真贯彻。同时，《决定》（1991）提出"非义务教育阶段的职业技术教育，可以收取学费，用于补充教学方面的开支"，为高等职业教育收取学杂费提供了政策依据。

1996 年，《职业教育法》提出"通过多种渠道依法筹集发展职业教育的资金"，在政府投入方面，规定了"省、自治区、直辖市人民政府应当制定本地区职业学校学生人数平均经费标准；职业学校举办者应当按照学生人数平均经费标准足额拨付职业教育经费；各级人民政府、国务院有关部门用于举办职业学校和职业培训机构的财政性经费应当逐步增长"。

随后，1998 年国家教委、国家经贸委、劳动部印发《关于实施〈职业教育法〉加快发展职业教育的若干意见》，进一步提出"职业教育经费应通过各级政府财政拨款，行业组织、企事业组织及其他用人单位合理承担，举办者自筹，受教育者缴费等多渠道筹集。各级政府和有关业务主管部门应保证用于举办职业教育的财政拨款逐年增长。各级政府每年可安排一定数额的职业教育专款，专项用于扶持职业教育的发展"，进一步明确了要多渠道筹措职业教育经费以及政府的财政投入责任。此外，该文件提出"职业学校和职业培训机构可按生均培养成本的一定比例，对接收中等以上职业学校教育和接收职业培训的学生收取学费。收费项目、标准和管理办法由省、自治区、直辖市政府制定"，同时鼓励职业学校兴办校办产业创收，鼓励企业和社会捐资助学，兴办职业教育。在此基础上，基本形成了中国高等职业教育经费的几大主要来源渠道：政府的财政预算内教育经费、学杂费收入、各级政府征收的教育附加税、校办产业收入等。

1999 年教育部和国家计委颁发的《实施意见》提出，高等职业技术教育"教育事业费以学生缴费为主，政府补贴为辅"，"毕业生不包分配，不再使用《普通高等学校毕业生就业派遣报到证》，由举办学校颁发毕业证书，与其他普通高校毕业生一样实行学校推荐、自主择业"（以下简称"三不一高"）。同时，该政策提高了高等职业教育的学杂费标准，政府投入减少，向学生高收费，加重了学生和家长的负担。有研究者认为，这一政策的提出为时过早，这是由于"高等职业教育在中国刚刚起步，各方面基础还很薄弱，有关支持政策法规也未执行到位，所以一段时间内政府财政的大力支持是必要的，这是高等职业教育产品公共性强弱的时代性表现"（杜安国，2010）。"三不一高"政策的实质是把高等职业教育放置在"价高质次"的位置上，并不利于高等职业教育的进一步发展。

（二）20 世纪 90 年代末至 2005 年，高等职业教育的快速兴起阶段

2000 年前后，国家先后出台了一系列政策文件，提出要大力发展职业

教育，高等职业教育进入快速发展时期。1998 年国家教委等部门印发的《关于实施〈职业教育法〉加快发展职业教育的若干意见》指出，"今后，国家每年新增的高校招生计划指标应主要用于发展高等职业学校教育"。2002 年国务院颁发《关于大力推进职业教育改革与发展的决定》，提出要扩大高等职业教育规模，"十五"期间要为社会输送 800 多万名高等职业学校毕业生。2004 年《教育部等七部门关于进一步加强职业教育工作的若干意见》提出，"在高等教育中，高等职业教育招生规模应占一半以上"。2005 年《国务院关于大力发展职业教育的决定》提出，"到 2010 年，高等职业教育招生规模占高等教育招生规模的一半以上。'十一五'期间，为社会输送 1100 多万名高等职业学校毕业生"。在这些政策的调控下，高等职业教育的招生规模节节攀高，到 2002 年中国高等教育本（专）科在校生达到 1463 万人，高等教育毛入学率达到 15%，提前实现了政府的政策目标，中国高等教育进入大众化阶段。2006 年，教育部提出高校招生计划增幅控制在 5% 以内，高等教育的高速扩张阶段中止（《石家庄日报》，2006）。招生规模的快速扩张，很大程度上缓解和改善了高等教育资源的极度短缺状况，为全社会尤其是广大适龄青年接受高等教育提供了更多机会，较好地满足了人民群众接受高等教育的迫切需求。

随着中国经济社会的发展，高等职业教育改革不断深入，政府对高等职业教育的关注开始从规模发展转向内涵建设。1998 年国家教委等部门印发的《关于实施〈职业教育法〉加快发展职业教育的若干意见》提出，在职业教育内部改革和建设方面，"进一步调整学校（专业）布局结构，充分利用已有教育资源，努力扩大学校招生规模，走内涵发展为主的道路"。2000 年，《教育部关于加强高职高专教育人才培养工作的意见》指出，"高职高专教育人才培养模式的基本特征是：以培养高等技术应用性专门人才为根本任务；以适应社会需求为目标、以培养技术应用能力为主线设计学生的知识、能力、素质结构和培养方案"。2002 ~ 2004 年，教育部先后召开了三次全国高等职业教育产学研合作教育经验交流会，确立了以服务为宗旨，以就业为导向，走产学研结合的高等职业教育发展之路。

（三）2006～2015 年示范性高职院校建设时期，高等职业教育的改革提升阶段

2006 年，教育部发布了《教育部关于全面提高高等职业教育教学质量的若干意见》，关注的重点转到高等职业教育强化教育办学特色、提高教学质量方面上来，并系统地规范了高等职业教育的专业建设要求及其要素设置。

在重点抓内涵建设的大政策背景下，2006 年教育部、财政部启动了"国家示范性高等职业院校建设计划"。到 2010 年，中央财政已分期投入 25.5 亿元专项资金，带动地方财政投入 60 余亿元，以及行业企业投入近 15 亿元，支持建设 100 所国家示范性高等职业院校（全书以下简称示范院校），重点建成 500 个产业覆盖广、办学条件好、产学结合紧密、人才培养质量高的特色专业群，使示范院校在办学实力、教学改革、管理水平、办学效益和辐射能力等方面有了较大提高。随后，2006 年的《教育部、财政部关于实施国家示范性高等职业院校建设计划　加快高等职业教育改革与发展的意见》中，提出要创新高等职业教育人才培养模式，"改革课程体系和教学内容，将职业岗位所需的关键能力培养融入专业教学体系，增强毕业生就业竞争能力"。

这一要求在 2010 年的《教育部、财政部关于进一步推进"国家示范性高等职业院校建设计划"实施工作的通知》中得到了进一步细化和深化，"主动适应区域产业结构升级需要，及时调整专业结构；深化订单培养，工学交替等多样化的人才培养模式改革，参照职业岗位任职要求制订培养方案，引入行业企业技术标准开发专业课程；推行任务驱动、项目导向的教学模式；探索建立'校中厂'、'厂中校'实习实训基地；试行多学期、分段式的教学组织模式；吸收行业企业参与人才培养与评价，将就业水平、企业满意度作为衡量人才培养质量的核心指标，建立健全质量保障体系，全面提高人才培养质量"。"国家示范性高等职业院校建设计划"对高等职业教育的专业建设和人才培养模式改革起到了强有力的推动促进作用。

在第一期的基础上，2010 年，教育部、财政部继续以中央投入、地方和行业组织配套的方式投入专项财政资金，支持 100 所骨干高职院校开展第二期"国家示范性高等职业院校建设计划"，项目分三批开展。到 2015 年，

最后一个批次骨干高职院校建设项目通过验收评审，标志着为期十年的"国家示范性高等职业院校建设计划"结束。截至"国家示范性高等职业院校建设计划"结束，中央财政资金共投入 45.5 亿元，引领带动地方财政投入 89.7 亿元、行业企业投入 28.3 亿元，总投入 160 多亿元，支持 200 多所示范（骨干）院校重点建设 788 个专业点（中华人民共和国教育部，2014）。政府对示范院校建设投入的财政资金力度前所未有，极大地改善了受资助学校的办学条件，开启了以重点院校建设带动职业教育发展的先河。"国家示范性高等职业院校建设计划"对于我国高等职业教育的人才培养模式变革和质量提升具有广泛而深远的影响，在高等职业教育发展史上具有里程碑式的意义。

2014 年，国务院颁发《关于加快发展现代职业教育的决定》［以下简称《决定》（2014）］，提出"到 2020 年，形成适应发展需求、产教深度融合、中职高职衔接、职业教育与普通教育相互沟通，体现终身教育理念，具有中国特色、世界水平的现代职业教育体系"。对于专科层次职业教育的目标是在 2020 年达到 1480 万人，占到高等教育规模的一半以上。通过推进人才培养模式创新、健全课程衔接体系、建立"双师型"教师队伍等措施全面提高职业教育人才培养质量。为此，《决定》（2014）提出，要"完善经费投入稳定增长机制。坚持职业教育公益性，加大职业教育投入力度，新增财政教育投入向职业教育倾斜。坚持政府投入的主渠道作用，逐步提高财政职业教育支出水平，形成科学合理、绩效优化的财政性教育资金分配结构。国务院有关部门要依法督促省级政府制定并逐步提高中等和高等职业院校生均经费标准、财政拨款标准或公用经费标准"。

同年，财政部与教育部联合发布《关于建立完善以改革和绩效为导向的生均拨款制度 加快发展现代高等职业教育的意见》，中央财政通过设立"以奖代补"机制，在全国建立以改革和绩效为导向的生均拨款制度，要求"各地因地制宜、科学合理地确定高职院校生均拨款标准，并逐步形成生均拨款标准动态调整机制"。这一文件的出台使我国高职院校办学经费首次有了国家制度保障，明确提出各地高职生均拨款达到平均 12000 元，设立了明确的拨款标准。

（四）2015 年以后，高等职业教育的稳步发展阶段

在"后示范"时期，总体上沿袭示范院校建设时期的发展思路，一面重点强调职业教育质量改革提升问题，继续完善宏观层面的顶层制度设计；一面持续推出财政专项项目，以引导推进高等职业教育发展。2015 年，教育部印发了《关于深化职业教育教学改革　全面提高人才培养质量的若干意见》，明确了深化职业教育教学改革，全面提高人才培养质量的指导思想和基本原则。文件提出，从改善专业结构和布局、提升系统化培养水平、推进产教深度融合、强化教学规范管理、完善教学保障机制和加强组织领导六个方面推进高等职业教育质量提升。

2015 年 12 月，教育部发布了《高等职业教育创新发展行动计划（2015—2018 年）》（以下简称《行动计划》）实施方案，指出《行动计划》是高等职业教育面向"十三五"持续深入推进改革发展的行动指南。要求各地教育行政部门（行指委）主动发挥统筹规划、综合协调作用，积极争取相关部门支持，主动承担更多建设任务（项目）。在这一政策的指引下，各地纷纷推出"优质校""重点校"的项目建设。

这一时期的一个典型项目是现代学徒制项目，这一项目最早在 2014 年提出。《教育部关于开展现代学徒制试点工作的意见》（教职成〔2014〕9 号）决定稳步推进现代学徒制的试点工作，通过财政资助、政府购买等奖励保障措施，引导企业和职业院校积极开展现代学徒制试点。2017 年，教育部办公厅发布了《关于做好 2017 年度现代学徒制试点工作的通知》，决定进一步开展第二批现代学徒制试点工作，并制定了相应的工作方案，进一步完善了试点内容、试点形式与保障措施等方面的相关规定，扩大规模进行推广。

二　高等职业教育发展中的资源配置问题

从历史阶段的梳理中，不难发现，我国高等职业教育长期以来追求规模扩张，客观上不利于职业教育的质量提升。我国的高等职业教育发展一直受到政府政策的强力主导，这一点在 2000 年前后高等职业教育的跳跃式

增长中表现得尤为明显。在很长一段时期内，政府一直偏好高等职业教育在"量"的方面的发展，设立高等职业教育的发展规模目标，比如招生规模的数量和比例。但这些数字和目标背后的科学依据，一直受到学者们的质疑（时伟，2001；谢作栩，2001；陈一凡等，2009；王贤，2011；毕树沙，2019），并且，在政策执行过程中，个别地区为了实现上级政府布置的增长指标，盲目扩大高等职业教育的发展规模，高等职业教育办学水平、财政投入等方面的配套措施十分有限，暴露出许多质量问题。

为了应对规模扩张中暴露的质量下滑问题，在2006年以后开始通过加大财政投入、实施以"国家示范性高等职业院校建设计划"为代表的一系列财政专项工程引导高职院校开展人才培养模式变革，提升职业教育质量。在近些年的政策文件中，不断强调职业教育要以就业为导向，对职业院校的"双师型"教师培养、课程改革、学生顶岗实习、实训基地建设、校企合作等工作提出了具体要求。政府对高等职业教育发展的关注逐步深入、细化，关注到高职院校内部的专业建设层面。在示范院校建设时期，央财专项基本上都是瞄准专业展开资助，强调高职专业设置和布局结构应与区域经济产业的发展紧密联系，推进了高职专业建设的改革与发展。

大力发展职业教育已成为国家优化经济结构、促进产业转型升级、释放人才红利的重要战略举措。总体上，我国的高等职业教育从2006年"国家示范性高等职业院校建设计划"以来，在各级政府的财政投入和项目引导之下，高等职业院校办学条件得到显著改善，高等职业教育得到快速发展。但在"重分配、轻评估"的体制下，对示范院校建设时期我国高等职业教育的资源投入－产出效率的分析是比较匮乏的。

因此，本书主要想探讨以下问题：我国高等职业教育的财政投入现状如何？高等职业教育人才培养的投入－产出效率如何？财政投入，尤其是示范院校建设对高职院校的发展有何影响？围绕以上问题，本书以高等职业院校为主要分析单位，利用大样本数据和前沿的量化研究方法，主要对示范院校建设时期（2006～2015年）我国高等职业教育资源的配置效率和公平性进行严谨的实证研究。

在具体的章节安排上，第一章，梳理我国高等职业教育发展的历史阶段，引出研究问题。第二章，归纳总结自实施"国家示范性高等职业院校建设计划"以来我国高等职业教育的财政投入体制和资金投入机制，并对不同隶属主体的高职院校的经费情况进行初步统计分析。第三章，梳理职业教育生产效率的研究文献，并提炼出区域视角下高职院校生产效率的分析框架，重点选取制造大类和计算机类的全国样本专业，估计课程、教师、校企合作等关键投入要素对学生就业产生的影响。在此基础上，估计"国家示范性高等职业院校建设计划"在其中发挥的作用，以及其对高职院校分化产生的影响。第四章，主要探讨财政投入与高等职业教育发展的关系。具体而言，估计财政经费投入对高职院校的校企合作水平的影响效果，并利用双重差分分析评估"国家示范性高等职业院校建设计划"对生源质量的影响，结合地理空间技术估算财政资金对非示范院校的外溢效应。第五章，对全书的主要研究结论加以归纳，并提出相应的政策建议。

目前，国内关于职业教育的专著多以校企合作或者专业建设为研究主题，以国际比较研究、案例研究为主要研究方法，以学理性阐述为主，尚未有一本专门针对高等职业教育资源配置效率的实证研究专著。而且，在其他教育阶段的资源配置研究的书籍中，受制于数据的可得性，多是以省级教育资源为分析对象，鲜有细化到院校层面的研究，而本书将研究对象具体到高职人才培养的真正落脚点——专业层面，大大增强了本研究的学术贡献和对现实的解释力度。这不仅丰富了我国高职领域的学术研究，还为当下实施的高职优质校建设等项目工程提供了参考。

第二章 我国高等职业教育的财政体制与资金投入机制

经过多年的探索和实践，各地逐步建立和完善了以政府投入为主、受教育者合理分担、其他多种渠道筹措经费的成本分担机制。本章主要从高等职业教育经费投入现状、生均拨款制度的确立和专项项目资金的使用等方面对高职院校的财政投入进行介绍。利用不同年份《中国教育经费统计年鉴》的数据，对高等职业教育经费，尤其是财政性教育经费在地区间的不均衡性和院校间的差异性进行刻画和分析。

一 我国高等职业教育经费投入现状

目前，政府和学生家庭是我国职业教育经费投入的主体，并且政府对职业教育的经费投入力度逐年加大，形成公共财政投入为主的成本分担格局。但相比同阶段的本科教育，高等职业教育的经费投入还有待进一步提高。

（一）高等职业教育发展的规模

2006 年全国高职高专学校数为 1147 所，普通专科招生数为 293 万人。2015 年高职高专学校数为 1341 所，普通专科招生数为 348.4 万人（见图 2 - 1）。10 年时间，高职高专学校数增长了约 17%，招生数约增长了 19%。虽然无论是学校数还是招生数，高等职业教育在普通高等教育（本、专科）总和中所占的比重都略有下降，但仍占到 47% 以上。高等职业教育的规模仍占据我国高等教育的半壁江山。

我国职业教育的举办主体呈现"多层、多元"的格局，不仅有公私之

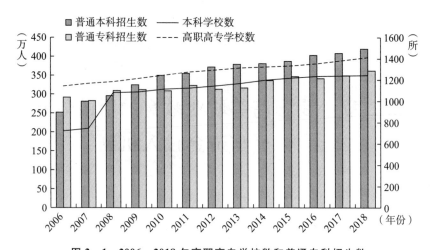

图 2-1 2006～2018 年高职高专学校数和普通专科招生数

资料来源:《中国教育统计年鉴》(2006～2017),2018 年全国教育事业发展基本情况。

分,而且在公办院校内部也有不同层级政府办学的区分。同时,即使在同一级政府层面,还有教育部门办学与非教育部门(一般多为行业部门)办学和地方国有企业办学的区分。笔者利用 2009 年全国高职高专学校经费报表数据和 2016 年全国各高等职业院校质量年报(2015 年数据)信息,分别整理出 2009 年和 2015 年的高职院校不同办学主体的格局。

如图 2-2 所示,在 2009 年统计的 1161 所高职高专学校中,民办院校约占全国高职院校总数的 24%,占近 1/4。在公办院校中,中央部门办学和央企办学的比重很低,仅占约 3%。省级教育部门办学占 20% 左右,省级非教育部门(行业部门)办学约占 24%。另外一个较为重要的组成部分是地市及以下政府办学,约占 26%。而地方国有企业办学比重较小,在 3% 左右。

如图 2-3 所示,在 2015 年统计的 1323 所高职高专学校中,民办院校约占全国高职院校总数的 24%,占近 1/4。在公办院校中,中央部门办学和央企办学的比重很低,约为 2%。省级教育部门办学占 19% 左右,省级非教育部门(行业部门)办学约占 26%,也即省属高校占一半左右。另外一个较为重要的组成部分是地市及以下政府办学,约占 26%。而地方国有企业办学比重较小,在 3% 左右。

从两个年度的不同办学主体的比重可以看出,这两年的基本格局是一

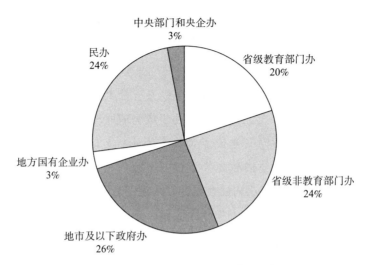

图 2 - 2　2009 年不同举办主体的高职院校比重

资料来源：笔者整理所得。

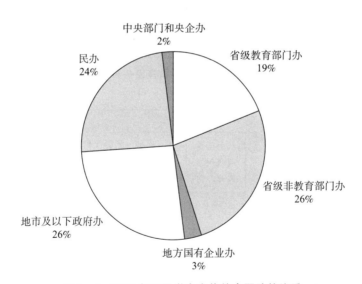

图 2 - 3　2015 年不同举办主体的高职院校比重

资料来源：笔者整理所得。

致的，省属高校、地属高校和民办院校是我国高职院校的主要构成部分。占比较低的中央办学院校意味着，高职院校的地方办学属性凸显，各地政府承担着发展高等职业教育的主要责任。另外，企业办学院校比例偏低意味着，高职院校与企业发展脱钩，与企业的距离拉大。

（二）高等职业教育的经费投入

在相当长一段时期内，我国公共财政对职业教育的投入有限。但随着国民财富的增加、政府财政收入的稳步提升，公共财政对职业教育的投入有了大幅增加。在 2006 年之后，政府逐步成为职业教育经费投入的主体。

2006 年，我国高职高专学校经费收入为 489.1 亿元，其中国家财政性教育经费（主要包括预算内教育经费、各级政府用于教育的税收、企业办学中的企业拨款、校办产业和社会服务收入用于教育的经费等）为 157.6 亿元，占总经费收入的 32.2%；来自学生和家庭的学杂费收入为 189.4 亿元，占总经费收入的 38.7%。到 2015 年，我国高职高专学校经费收入达到 1726.3 亿元，10 年间增长了 2.5 倍。其中国家财政性教育经费为 1089.1 亿元，学杂费收入为 463.4 亿元，分别占总经费收入的 63.1% 和 26.8%（见表 2 - 1）。公共财政和学杂费收入成为高职高专学校经费收入的主体投入渠道，并且公共财政的比重在不断上升，学杂费收入的比重在不断下降。

表 2 - 1　高职高专学校教育经费收入来源

单位：亿元

年份	总经费收入	国家财政性教育经费		民办院校中举办者投入	社会捐赠经费	学杂费
		小计	其中公共财政预算教育经费	其中企业办学中的企业拨款		
2006	489.1	157.6	144.8	—	—	0.9	189.4
2007	631.6	232.4	217	5.8	8.5	2.6	302
2008	802.8	335	302.8	9.4	12.6	2.7	362.2
2009	921.1	397	363	10	17.7	2.9	402.2
2010	1051.5	491.6	442.6	13.3	14.6	2.9	435.9
2011	1250.8	674.8	610.4	15.7	14.1	2.7	445.1
2013	1452.4	823.7	755.2	12.7	19.8	4	465.5
2014	1517.8	909.6	857.6	10.8	8.8	1.9	454
2015	1726.3	1089.1	1061.1	10.5	10.8	2.8	463.4

资料来源：2007～2012 年、2014～2016 年《中国教育经费统计年鉴》。

可以看出，我国高等职业教育经费结构比较单一，对于财政经费的依赖度增强。2015 年，民办院校中举办者投入约为 10.8 亿元，仅占总经费收入的 0.626%。而民办院校中举办者投入和社会捐赠经费在总体中的比例极低，尚未真正调动起个人、企业及其他社会力量的积极性，实现多渠道、多元化筹措资金。私营部门投入所占比重过低，从长远来看，不利于职业教育的健康发展。

（三）高等职业教育的生均教育经费支出

《中国教育经费统计年鉴》（2007）（教育部财务司、国家统计局社会和科技统计司，2007）并未将地方普通本科学校的生均教育经费支出和生均预算内教育经费支出进行单独计算，因此，在这里采用 2007 年的数据进行比较。从生均教育经费支出情况来看，2007 年，全国地方普通高职高专学校的生均教育经费支出和生均预算内教育经费支出分别是地方普通本科学校相对应指标的 74.05% 和 69.20%。2015 年，全国地方普通高职高专学校的生均教育经费支出和生均预算内教育经费支出分别是地方普通本科学校相对应指标的 75.73% 和 70.75%。从国际经验来看，职业教育的成本通常是同级普通教育成本的 2~3 倍。但我国的高职高专学校生均教育经费支出是远低于本科学校的生均教育经费支出水平的。而且，2015 年，地方普通本科学校生均教育经费支出中，公共财政占 68.07%，地方普通高职高专学校的生均教育经费支出中，公共财政占 63.59%，公共财政对普通本科学校的保障力度明显高于高等职业学校（见表 2－2）。

表 2－2　地方普通本科学校和高职高专学校的生均教育经费支出情况

单位：元

年份	地方普通本科学校			地方普通高职高专学校		
	生均教育经费支出	生均预算内教育经费支出	生均预算内公用经费支出	生均教育经费支出	生均预算内教育经费支出	生均预算内公用经费支出
2006	—	—	—	8754.88	3252.11	1059.69
2007	14663.55	6448.62	2310.48	10858.61	4462.29	1648.12
2008	15955.03	8115.64	3083.91	11328.42	5139.51	1780.62
2009	16222.85	8346.20	3394.39	11908.69	5410.85	1894.93

续表

年份	地方普通本科学校			地方普通高职高专学校		
	生均教育经费支出	生均预算内教育经费支出	生均预算内公用经费支出	生均教育经费支出	生均预算内教育经费支出	生均预算内公用经费支出
2010	17822.76	9641.58	4350.39	13458.92	6280.05	2463.04
2011	22520.31	14296.36	7964.49	15072.90	8010.74	3559.38
2013	23917.06	16388.57	8694.97	16832.88	9976.97	4520.17
2014	24792.76	16849.67	8198.91	17435.00	10155.61	4356.09
2015	26521.86	18053.30	8173.98	20085.45	12772.42	5892.55

注：地方普通高职高专学校 2008 年的生均支出数据是根据高等职业学校和高等专科学校平均数计算所得。

资料来源：2007～2012 年、2014～2016 年《中国教育经费统计年鉴》。

二　生均拨款制度的建立与项目化支持

示范院校建设时期，财政资金投入方面有两个明显的特征，一是以示范院校建设为契机，逐步明确并建立了高等职业教育的生均拨款制度；二是从中央政府到省级政府，持续以财政专项资金的方式来引导高等职业教育发展。

（一）高等职业教育生均拨款制度的逐步确立

在经费投入方面，中央政府陆续出台一系列政策，旨在在全国范围内建立并完善职业教育经费保障制度。2006 年 11 月，《教育部、财政部关于实施国家示范性高等职业院校建设计划　加快高等职业教育改革与发展的意见》指出：到"十一五"末，保证示范院校的生均预算内拨款标准达到本地区同等类型普通本科院校的生均预算内经费标准。2011 年 8 月，《教育部关于推进中等和高等职业教育协调发展的指导意见》要求"高等职业学校逐步实现生均预算内拨款标准达到本地区同等类型普通本科院校的生均预算内经费标准"。

2012 年教育部对全国 31 个省份（港澳台除外）192 所不同隶属关系的高职院校的经费来源情况进行了问卷调研，调查结果显示，不同省份、各类隶属关系院校大致采用了四种经费投入方式，包括定额定员、基数加发展、生均定额和综合定额加专项补助。其中，综合定额加专项补助这种拨款模式，既考虑到了学校的类型、层次和所在地区的经费发展程度，又考虑到了学校内部不同的专业类别生均成本的差异以及教学、科研服务等多方面的成本因素。从某种意义上，这可以说是一种"多因素"的公式拨款。但在笔者 2013～2014 年的田野调查中发现，虽然有一些院校声称已采用了综合定额加专项补助或者生均定额的拨款办法，但对其生均拨款标准的测算依据进行分析后发现，其"生均拨款标准"多是根据经费总量和学生人数采用"倒推"的方式计算所得，实质上还是一种"基数加发展"的拨款思路，并没有建立严格意义上的生均经费拨款制度。

2014 年 6 月，教育部等部门印发《现代职业教育体系建设规划（2014—2020 年）》，明确要求，2015 年底前，各地依法出台职业院校生均经费标准或公用经费标准。2014 年，财政部与教育部联合发布《关于建立完善以改革和绩效为导向的生均拨款制度 加快发展现代高等职业教育的意见》，中央财政通过设立"以奖代补"机制，在全国建立以改革和绩效为导向的生均拨款制度，要求各地"因地制宜、科学合理地确定高职院校生均拨款标准（综合定额标准或公用经费定额标准），并逐步形成生均拨款标准动态调整机制"，"2017 年各地高职院校年生均财政拨款水平应当不低于 12000 元"，这一文件的出台使我国高职院校办学经费首次有了国家制度保障。2014 年，中央财政下拨奖补资金 64 亿元，以激励各地实施这一拨款制度。截至 2014年 5 月，20 个省份出台了高等职业教育生均拨款标准，部分地区的职业教育经费投入还未建立制度保障体系（练玉春，2014）。

根据最新的统计分析，2016 年各地区公办高职院校年生均财政拨款水平如表 2 - 3 所示。

表 2 - 3　2016 年各地区公办高职院校年生均财政拨款水平区间分布

单位：所，元

省级单位	学校数	生均拨款中位数	<3000 元学校数	3000～6000元学校数	6000～9000元学校数	≥9000 元学校数
北京市	15	48888				15

续表

省级单位	学校数	生均拨款中位数	<3000元学校数	3000~6000元学校数	6000~9000元学校数	≥9000元学校数
上海市	11	26730	1		1	9
西藏自治区	2	21228				2
内蒙古自治区	26	16167	2		3	31
吉林省	17	14900		1	3	13
青海省	6	14664		1		5
新疆维吾尔自治区	14	14625			2	12
江苏省	63	14347	2	2	1	58
海南省	4	14270	1			3
宁夏回族自治区	9	13732	1	2	1	5
天津市	24	13674	4	1		19
浙江省	40	13668	2	1	6	31
新疆生产建设兵团	2	13526		1		1
广东省	53	13215	3	5	9	36
甘肃省	20	11959	1		3	16
陕西省	27	11841		2	3	22
福建省	33	11706	2	4	4	23
黑龙江省	36	11243	2	3	6	25
四川省	44	11166	5		3	36
辽宁省	36	10917	2		9	25
安徽省	58	10800	7	1	6	44
重庆市	24	10566	1	1	2	20
云南省	27	10339	4			23
山东省	60	10192	5		15	40
湖北省	45	9728	5	8	6	26
广西壮族自治区	26	9559	1	2	4	19
河南省	52	9416	5	5	13	29
山西省	41	9100	4	4	12	21
贵州省	26	9062	3	4	6	13
湖南省	59	8989	5	3	22	29

续表

省级单位	学校数	生均拨款中位数	<3000元学校数	3000~6000元学校数	6000~9000元学校数	≥9000元学校数
江西省	44	8938	3	3	17	21
河北省	49	8900	7	5	14	23

资料来源：上海市教育科学研究院、麦可思研究院，2017。

根据各高职院校上报的质量年报，2016 年，有 14 个省级单位的生均财政拨款中位数超过了 12000 元，但还有 18 个省级单位低于 12000 元。各地的高职院校年生均财政拨款水平悬殊，其中，中位数最高省级单位为北京市（48888 元），最低的省级单位是河北省（8900 元），前者约为后者的 5.5 倍。

根据中国高职发展智库对 2019 年各省级单位《高等职业教育质量年度报告》的汇总数据，截至 2018 年，中国除新疆生产建设兵团和辽宁、广西、西藏、宁夏四个未填报的省份外，仍有 5 个省份生均拨款低于 12000 元，且各省份生均拨款水平悬殊，北京市生均拨款达 68902 元，居全国榜首，排名最末的是重庆市，仅 8123 元。[①]

（二）高职专项资金投入趋势强化

在地方财政投入为主的格局之下，中央政府主要通过各种项目的形式下达财政专项资金对地方的职业教育经费进行补贴，以引导地方职业教育的发展方向，落实中央在全国职业教育方面的政策目标和管理职责。

据统计，2004~2013 年，中央财政共投入各类专项资金 1113 亿元，主要支持职业院校基础能力建设、示范引领、学生资助、综合奖补四大类项目（中华人民共和国教育部，2014）。第一类，职业院校基础能力建设项目主要包括职业教育实训基地建设计划、职业院校教师素质提高计划、高等职业学校提升专业服务产业能力建设项目以及高等职业教育专业教学资源库建设项目。第二类，示范引领项目主要包括"国家中等职业教育改革发展示范学校建设计划"和"国家示范性高等职业院校建设计划"。第三类，

---

① 中国高职发展智库：《最新数据：各省高等职业教育综合实力如何？看看 2019 年"年报"结果》，http://www.zggzzk.com/infoview.php? d = 875，最后访问时间：2019 年 10 月 9 日。

学生资助项目主要包括中职国家助学金、中职免学费补助资金以及高等职业学校的高等教育学生资助项目。第四类，综合奖补项目主要是指 2013 年中央财政用于各地建立完善职业教育生均制度的"以奖代补"专项资金。2013 年，中央财政安排职业教育"以奖代补"专项资金 64 亿元，用于各地建立完善职业教育生均拨款制度，改善职业院校办学条件，加强"双师型"教师培训和实训基地建设。通过中央专项资金的支持，带动地方政府投入 18 亿元。中央财政设立的职业教育专项资金通常要求地方政府、行业企业部门以及职业院校对这些项目进行资金配套。根据地方政府所处地区的经济发展水平不同，分项目、按比例进行分担，诸如国家助学金和中职免学费补助资金等。

在示范院校建设后期，教育部陆续推出了现代学徒制和优质院校建设工程。2014 年，《教育部关于开展现代学徒制试点工作的意见》提出"建立健全现代学徒制的支持政策，逐步建立起政府引导、行业参与、社会支持，企业和职业院校双主体育人的中国特色现代学徒制"。2015 年，教育部遴选了 165 家单位作为首批现代学徒制试点单位和行业试点牵头单位；2017 年，教育部又遴选了第二批 203 个现代学徒制试点，通过财政资助、政府购买等措施，引导企业和职业院校积极开展现代学徒制试点。

2015 年 12 月，教育部颁发了《高等职业教育创新发展行动计划（2015—2018 年）》（以下简称《行动计划》）。《行动计划》提出，到 2018 年教育部支持地方建 200 所优质高职院校。"优质校建设"是《行动计划》的重要内容，是继"国家示范性高等职业院校建设计划"之后，被学校和地方教育部门高度重视的发展战略。据统计，2016 年各省份共投入 45.20 亿元，2017 年投入 80.56 亿元，合计 125.76 亿元，省级财政经费执行率达到 61.08%（童卫军，2018）。

在中央财政专项资金的带动下，各省份因地制宜，纷纷设置满足本地发展需要的专项项目。从 2012 年的调查数据（见表 2-4）来看，中央专项财政资助以四大类项目为主，而地方政府的财政专项资金侧重于提升高职院校办学的"软实力"，如科研和教师培训，并且更注重对高职院校的"兜底"，投入财政专项资金来资助更多的本地高职院校化解或者减轻债务负担。

表 2 - 4　高职院校获得的中央专项和省市专项类型（192 所）

序号	中央专项的重点	高校个数	省市本级专项的重点	高校个数
1	奖助学金	49	奖助学金	88
2	（重点）专业建设	39	实训基地/中心	28
3	高等职业教育中央补助资金	33	科研计划/专项/经费	27
4	提升专业服务（产业发展）能力	32	教师培训	24
5	教育实训基地建设	22	化债资金	23
6	骨干高职院校建设	17	贷款债务本金、利息贴补	23
7	应征入伍服义务兵役学费补偿和贷款代偿	16	设备购置	22
8	职业院校教师素质提高计划	15	骨干、示范院校建设	19
9	助学贷款代偿/奖补	15	专业建设	18
10	化债奖补	13	质量工程建设	15

资料来源：杨钋，2015。

示范院校建设时期，高职财政专项资金的一个较为明显的特征是，财政资助的瞄准对象从高职院校深入院校内部的专业建设层面。例如，"国家示范性高等职业院校建设计划"、"支持高等职业学校提升专业服务能力"项目和"职业教育专业教学资源库建设"项目都是在专业层面进行项目建设。

在高等职业教育的项目治理模式下，受资助院校获得较为可观的财政资源及优惠政策，办学条件得到较大改善，成果显著。但同时，项目制资金的弊端也暴露出来，如专项资金偏硬件、轻"软件"建设，项目资金僵化的管理方式难以应对教育实践的变化发展，降低了学校办学的自主权，等等。

（三）其他体制资源的配合

职业教育的发展并不能单纯依赖财政体制的改革来推动，还需要其他体制资源的配合，尤其是人事、工商等部门的机制创新，一起推动职业教育向前发展。

目前，长期困扰职业院校培养"双师型"队伍建设的一大难题就是来自企业的兼职教师的编制问题。建设"双师型"队伍，需要从企业引入一线的能工巧匠，但往往这部分技能技术人才的学历无法满足高校人才引入的标准，或者说教师聘任的条件。另外，民办院校的教师在社会保障等福利待遇方面与公办院校教师相比有很大差距，造成民办院校教师队伍流动率高、队伍不稳定这一长期难题。在实地调研中发现，浙江省的一些高职院校通过设立"流动编制"尝试解决这一问题，具体做法是，在依据学生规模计算的教师编制名额内，当地政府主管部门允许高职院校在校内设立一定数量的"流动编制"，财政供养与编制数量、岗位挂钩，而不是与具体的教师个人挂钩，这样就使得学校有相当大的自主权和优势利用这些"流动编制"聘请校外的优秀人才，尤其是企业中的能工巧匠。此外，浙江省还对省内的民办高职院校给予一定数量的事业编制，帮助其解决吸引和稳定教师的问题。

除了政府的支持以外，一些院校也纷纷出招，利用人事上的行政待遇等来激励教师。例如，温州职业技术学院为鼓励教师投身科研，明确规定其校内研发服务机构的平台负责人享受政治上副处级待遇和津贴大幅增加等条件。这些措施激发了校内教师进行技术开发、产品开发的积极性，提高了学校的研发服务水平。

除了人事制度的灵活创新以外，部分地区还出台了专门的职业教育校企合作政策，为校企合作创造了一个良好的政策制度环境。2006 年无锡市发布《关于大力推进职业教育改革与发展的意见》。该文件提出职业教育要"积极推进校企合作和工学结合"。文件提出了"订单"式培养培训机制、"厂校挂钩"等校企合作形式，并提出通过税收优惠政策鼓励企业与学校签订长期实习合作协议，吸收学生进入企业顶岗实习。随后无锡市教育局也主动适应产业发展，出台了《关于建立无锡市职业院校实习实训定点企业制度的意见》等政策，促进职业教育与产业紧密合作，为产业发展输送人才。

2008 年，宁波市人大通过了《宁波市职业教育校企合作促进条例》，该条例对企业在学生实习、教师实践和提取职工培训经费等方面的责任、企业在职业教育公益性捐赠和新产品研发费用的税收优惠，以及各级政府设立职业教育校企合作发展专项资金等责任，都做了具体而明确的规定。该条例的出现，集合了宁波市多个政府部门，协力解决了职业教育发展中尤其是校企合作方面的诸多难题，明晰了各方责任，进一步推动了职业教育的发展。

三　财政对民办高职院校的支持

截至 2015 年，我国有民办中职学校 2225 所，占中职学校总数的 19.9%，在校生约 183 万人，约占中职在校生总数的 11%；截至 2016 年，我国有民办高职院校 317 所，占全国高职院校总数的 23.3%，民办高职院校在校生约 227 万人，约占专科在校生总数的 21%。① 尽管近年来民办职业教育在职业教育体系中的份额略有降低，但民办职业教育仍然是我国职业教育体系的重要组成部分。

（一）中央支持性政策文件

2014 年，国务院出台了《关于加快发展现代职业教育的决定》，提出"引导支持社会力量兴办职业教育。创新民办职业教育办学模式，积极支持各类办学主体通过独资、合资、合作等多种形式举办民办职业教育。探索公办和社会力量举办的职业院校相互委托管理和购买服务的机制"。

同年，教育部等六部委发布的《现代职业教育体系建设规划（2014—2020 年）》提出，要加快民办职业教育发展步伐，通过一系列措施放宽了民办职业教育的政策束缚，鼓励其积极创新办学模式，为民办职业教育发展创造有利环境。政策提出，"鼓励企业举办或参与举办职业院校，到 2020 年，大中型企业参与职业教育办学的比例达到 80% 以上。各地要把社会力量举办的职业院校纳入教育发展规划，推动民办职业院校分类管理试点，健全政府补贴、购买服务、助学贷款、基金奖励、捐资激励等制度，鼓励社会力量参与职业教育办学。对办学规范、管理严格的民办职业院校，逐步实行在核定办学规模内自主确定招生范围和年度招生计划的制度"。

2016 年，《国务院关于鼓励社会力量兴办教育促进民办教育健康发展的若干意见》（国发〔2016〕81 号）提出创新民办院校体制机制和完善扶持制度的一些相关措施，如"建立分类管理制度，对民办院校（含其他民办教育机构）实行非营利性和营利性分类管理"，"落实税费优惠等激励政策，

---

① 根据教育部网站教育统计数据计算所得。

民办院校按照国家有关规定享受相关税收优惠政策"。我国正逐步完善民办院校分类管理的顶层制度设计。

（二）地方政府的实践探索

民办职业教育是职业教育的重要组成部分，为支持民办职业教育的发展，积极创新民办职业教育的办学模式，地方政府主要采取直接投入或补助补贴等方式支持各类民间办学主体扩大办学规模，提升办学质量。据目前各地的实践，财政支持民办职业教育的不同措施大致可归纳为人（干部任命和教师编制）、财（财政专项、经常性拨款和融资担保）、物（实训基地建设和教学设施建设）三大类，下面分别具体展开。

首先，在人事制度方面，政府直接选派人员参与民办高职院校的领导和管理，或给予民办高校一定数量的教师编制，"定编不定人"，帮助民办院校稳定教师队伍，这种情况在浙江较为普遍；重庆市教委职成办出台《关于组建民办院校教师中初级专业技术职务评审组织有关规定的试行通知》，重庆正大软件职业技术学院等5所民办高校获得中级职称评审权；同等条件下，对民办高校教师申报高级职称给予过关率保障。湖南为减轻民办职业院校负担，保障教职员工社保医疗待遇，参照浙江、江苏、云南昆明等地的做法，从2014年7月1日起，对于市直民办职业教育学校教师的社会养老保险和医疗保险等，市财政对学校应予缴纳单位负担的50%部分全额给予了补助，2015年市财政预算安排了专项补助资金300万元。

其次，在经费方面，目前比较普遍的做法是各地纷纷设立民办职业教育扶持和引导专项资金，每所院校均有机会获得，数额在几十万元到几百万元不等。此外，除了学生奖助学金以外，民办院校还可以与公办院校一同竞争央财、省财关于实训基地建设、示范院校建设等专项资金，但获得的机会较少。以北京为例来说明，北京市教委专门针对民办教育设立了民办教育引导资金和扶持资金，各高职院校可以竞争申请获得。例如，北京培黎职业学院2012年和2013年共获得了470多万元民办教育促进项目资金。北京汇佳职业技术学院被评为北京市示范院校，2012年获得352万元的专项资金。北大方正软件职业技术学院被评为北京市示范院校，获得民办项目引导资金（2014年400万元），以及央财的实训基地项目资金（360

万元，其中北京市政府财政配套 180 万元）。除此之外，北京市教委也有一些覆盖民办高职院校的奖助补贴、党建经费等，民政局有退役士兵培训的补贴，但这些专项资金数额通常较小。

值得强调的是，目前，国内个别地区已经开始给予民办高职院校生均公用经费拨款。上海市利用财政专项引导民办高职发展，扶优扶强扶特。到 2015 年全市 11 所民办高职院校均有财政专项拨款经费，其中 10 所院校生均财政专项拨款经费超过 1000 元，3 所超过 6000 元，最高达 8150 元（上海市教育科学研究院、麦可思研究院，2016：38）。从 2012 年起，重庆市政府对民办高职院校按照生均 2000 元的标准提供生均公用经费补助，补助标准兼顾办学层次、专业类型等因素。其中，市财政承担 80%，区财政承担 20%。在补助同时，明确要求民办高校原有公用经费不退出、不减少，提高了民办高校的正常运转保障水平，同时对举办方的投入有要求，2012～2013 年增加举办方投入 7.66 亿元。

同时，为解决民办教育融资难的问题，重庆市政府创新教育担保机制，为民办教育担保贷款。2008 年，市政府同意设立教育担保公司，通过采取学校收费权和办学权质押等方式，担保公司为民办教育担保贷款 90 笔，累计发放 12.3 亿元贷款，同时学校可享受 20%～25% 的优惠担保费率。

最后，在基础设施建设方面，地方政府一般通过与民办院校合作共建区域性职业教育实训基地来支持民办职业教育的发展。2012 年 12 月，广东岭南职业技术学院与广州开发区高技能人才公共实训基地管理服务中心合作共建"广州开发区广东岭南职业技术学院实训基地（东校区）"，成功签订 10 年合约，2013 年 3 月起正式运作。广州开发区高技能人才公共实训基地管理服务中心，设备投资 1.56 亿元，已建立数控加工、汽车维修以及食品安全等 15 个实训中心，实训室 52 个。学校与基地开展多形式的合作，1584 名学生实施跨专业公共实训，74 名教师参与师资培训，培训企业员工95 人，共建面向学生、企业员工和中高职师资培训班 42 个。

另外，个别地方补贴民办职业院校的校园基础设施建设，改善其办学的硬件条件，适应升本需求。例如，为扶持湖南同德职业技术学院的专升本工作，长沙市财政在向上争取 1000 万元专项资金的同时，积极筹措建设资金 4098 万元，引导带动学校投入建设资金 1.5 亿元，先后支持建立了实习实训大楼、图书馆和学术交流中心（在建）等大型教育教学设施，并助其成功升格为湖南应用技术学院。

四 不同地区高等职业教育经费投入的差异

高等职业教育的财政责任主要在地方，教育经费依赖地方的财政实力。而客观上各省经济发展水平和财政实力的差异以及主观上的高等职业教育财政努力程度不同，使得各省之间的高等职业教育经费呈现明显的差异。下文分别从高等职业教育经费的财政投入与生均支出水平以及高等职业教育财政努力指数加以说明。

（一）财政投入与生均支出的地区不均衡

2006年各地区普通高职高专学校的财政投入呈现较高程度的不均衡（见图2-4）。

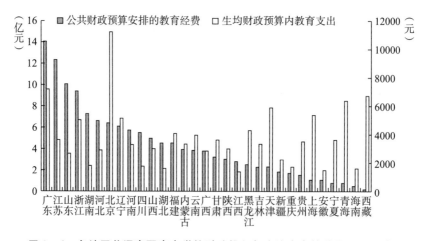

图2-4 各地区普通高职高专学校财政投入与生均支出的差异（2006年）

说明：为与2016年中国教育经费统计年鉴的口径统一，此处将2007年中国教育经费统计年鉴中的预算内事业经费拨款、教育附加拨款、基建拨款三类归并为"公共财政预算安排的教育经费"。

资料来源：教育部财务司、国家统计局社会和科技统计司，2008。

从公共财政预算安排的教育经费来看，广东省获得的预算内教育经费收入最高，约为14亿元；其次是江苏省，约为13亿元。从生均财政预算内教育支出来看，江西省最低，为 1352.21 元；北京市最高，为 11132.45 元，是江西省的 8.2 倍；其次是广东省，为 7132.84 元，是江西省的 5.3 倍。

从图 2-5 可以看出，2015 年各地区普通高职高专学校的财政投入呈现较大的不均衡。

从公共财政预算安排的教育经费来看，青海省获得的预算内教育经费收入最低，约为 4 亿元，江苏省获得的预算内教育经费收入最高，约为 95 亿元，约是青海省的 24 倍；其次是广东省，约为 86 亿元，是青海省的 21.7 倍。从生均财政预算内教育支出来看，山西省最低，为 8091.42 元；北京市最高，为 57388.92 元，是山西省的 7 倍；其次是西藏，为 33698.60 元，是山西省的 4.2 倍。

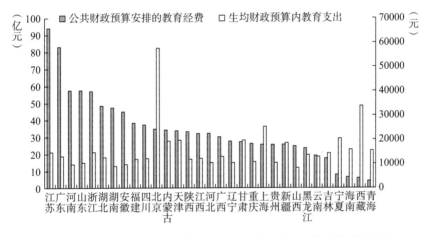

图 2-5　各地区普通高职高专学校财政投入与生均支出的差异（2015 年）
说明：未计入大连、宁波、厦门、青岛和深圳 5 个省级单列市的数据。
资料来源：教育部财务司、国家统计局社会和科技统计司，2017。

从 2006 年和 2015 年各地区普通高职高专学校的财政投入可以看出，虽然地区之间的差距在缩小，但是财政投入最高的地区与财政投入最低的地区仍然存在较大的差异。从 2006 年和 2015 年各地区普通高职高专学校的生均财政预算内教育支出可以看出，各地区生均支出差距的变化在缩小，但从全国范围来看，职业教育的财政投入和支出在各地之间的不均衡程度仍然较高。

（二）高等职业教育财政努力指数

在教育财政学中，财政努力指数是指各类教育的生均预算内教育经费支出与当地的人均财力的比值，它反映了一个地方政府在一定财力基础上努力程度的大小。生均预算内教育经费支出指根据各个阶段的学生数量和财政预算内教育经费得出的生均值。而人均财力则是指按照全省人口平均的一般预算支出。

因此，财政努力指数可以简化为：

$$\pi_{ia} = \frac{A_i/n_{ai}}{T_i/n_{ti}} = \frac{A_i/T_i}{n_{ai}/n_{ti}} \qquad (2-1)$$

π_{ia} 代表 i 地区 A 类教育财政努力指数，A_i 代表 i 地区 A 类预算内教育支出，n_{ai} 代表该地区 A 类教育的入学规模，T_i 为该地区总的一般预算内经费支出，n_{ti} 为该地区总的人口数。直观上看，是各级生均预算内教育经费支出和人均财力影响财政努力指数，但也可以认为是各级教育预算内支出在总预算内支出的比重和入学规模在总人口数中的比重决定了财政努力指数。

因此，高等职业教育的财政努力指数可以看作高职生均预算内教育经费支出和人均财力的比值，也可以看作高职预算内教育支出在总预算内支出的比重和高职入学规模在总人口数中的比重的比值。

利用相关数据，根据公式（2-1）计算得出我国各省份 2006 年和 2015年高等职业教育财政努力指数的结果（见表 2-5 和表 2-6），并作图 2-6。

表 2-5　2006 年全国各省份高等职业教育财政努力指数

省份	高职预算内教育经费支出（亿元）	地方一般预算内支出（亿元）	高职（专科）在校学生数（万人）	年末总人口（万人）	高等职业教育财政努力指数
北京	6.097	1296.84	13.019	1601	0.578
天津	5.759	543.12	14.486	1075	0.787
河北	6.324	1180.36	46.724	6898	0.791
山西	4.459	915.57	22.872	3375	0.719
内蒙古	3.703	812.13	11.983	2415	0.919

续表

省份	高职预算内教育经费支出（亿元）	地方一般预算内支出（亿元）	高职（专科）在校学生数（万人）	年末总人口（万人）	高等职业教育财政努力指数
辽宁	5.058	1422.75	23.805	4271	0.638
吉林	1.805	718.36	10.478	2723	0.653
黑龙江	2.440	968.53	21.858	3823	0.441
上海	1.571	1795.57	17.347	1964	0.099
江苏	13.224	2013.25	59.630	7656	0.843
浙江	9.298	1471.86	32.666	5072	0.981
安徽	1.008	940.23	34.396	6110	0.191
福建	4.723	728.70	21.454	3585	1.083
江西	2.916	696.44	47.710	4339	0.381
山东	9.520	1833.44	66.468	9309	0.727
河南	6.509	1440.09	52.418	9392	0.810
湖北	4.848	1047.00	52.524	5693	0.502
湖南	7.269	1064.52	42.132	6342	1.028
广东	17.547	2553.34	49.345	9442	1.315
广西	4.184	729.52	22.159	4719	1.221
海南	0.561	174.54	4.872	836	0.552
重庆	1.499	594.25	13.625	2808	0.520
四川	3.794	1347.40	37.669	8169	0.611
贵州	1.627	610.64	9.605	3690	1.024
云南	3.424	893.58	11.671	4483	1.472
西藏	0.182	200.20	0.763	285	0.339
陕西	3.794	824.18	31.101	3699	0.548
甘肃	3.568	528.59	10.885	2547	1.579
青海	0.671	214.66	1.466	548	1.170
宁夏	0.788	193.21	2.272	604	1.084
新疆	1.224	678.47	8.106	2050	0.456

资料来源：中华人民共和国国家统计局，2007；教育部财务司、国家统计局社会和科技统计司，2007，2008。

表 2-6　2015 年全国各省份高等职业教育财政努力指数

省份	高职预算内教育经费支出（亿元）	地方一般预算内支出（亿元）	高职（专科）在校学生数（万人）	年末总人口（万人）	高等职业教育财政努力指数
北京	35.218	5737.70	15.445	2171	0.863
天津	32.184	3232.35	13.207	1547	1.166
河北	33.429	5632.19	32.798	7425	1.344
山西	26.924	3422.97	19.127	3664	1.507
内蒙古	33.086	4252.96	10.786	2511	1.811
辽宁	28.567	4481.61	25.830	4382	1.081
吉林	17.589	3217.10	15.705	2753	0.958
黑龙江	25.122	4020.66	19.398	3812	1.228
上海	21.588	6191.56	12.871	2415	0.654
江苏	88.694	9687.58	48.410	7976	1.508
浙江	57.611	6645.98	26.398	5539	1.819
安徽	40.073	5239.01	29.247	6144	1.607
福建	32.426	4001.58	19.465	3839	1.598
江西	30.095	4412.55	23.454	4566	1.328
山东	57.727	8250.01	47.420	9847	1.453
河南	56.393	6799.35	46.578	9480	1.688
湖北	48.668	6132.84	38.921	5852	1.193
湖南	44.886	5728.72	30.046	6783	1.769
广东	82.842	12827.80	47.690	10849	1.469
广西	30.434	4065.51	18.266	4796	1.966
海南	6.773	1239.43	4.825	911	1.032
重庆	23.640	3792.00	18.107	3017	1.039
四川	40.382	7497.51	36.151	8204	1.222
贵州	21.003	3939.50	11.682	3530	1.611
云南	16.923	4712.83	14.603	4742	1.166
西藏	5.213	1381.46	0.954	324	1.282
陕西	31.426	4376.06	29.974	3793	0.909

续表

省份	高职预算内教育经费支出（亿元）	地方一般预算内支出（亿元）	高职（专科）在校学生数（万人）	年末总人口（万人）	高等职业教育财政努力指数
甘肃	26.322	2958.31	12.400	2600	1.866
青海	3.541	1515.16	1.340	588	1.025
宁夏	7.329	1138.49	2.824	668	1.523
新疆	23.464	3804.87	6.966	2360	2.089

资料来源：中华人民共和国国家统计局，2015；教育部财务司、国家统计局社会和科技统计司，2016，2017。

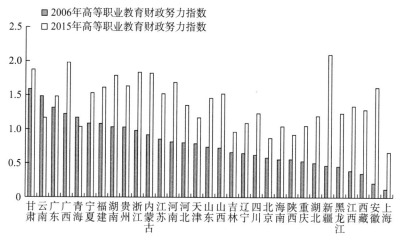

图2-6 2006年和2015年全国各省份高等职业教育财政努力指数对比

资料来源：教育部财务司、国家统计局社会和科技统计司，2008，2017；中华人民共和国国家统计局，2007，2016。

从图2-6中可以看出，2006年各省份的高等职业教育财政努力指数最高的是甘肃省，其次是云南、广东、广西、青海、宁夏等省份，除广东外，排名靠前的基本是西部省份，体现了西部地区对高等职业教育的重视程度和财政资助力度；广东作为东南部沿海发达省份，同样十分重视职业教育发展，财政支持力度比较大。然而经济发达、职业教育发达的浙江、江苏、北京等地区排名在中间位置，即当地高职生均经费支出相比人均财力是不平衡的。

经过十年发展后，2015年全国各省份高等职业教育财政努力指数都有不同程度的提高，同时排名也发生了明显变化，原本在 2006 年排名中靠后的新疆维吾尔自治区，其高等职业教育财政努力指数迅速跃升到第一名，体现了当地政府对职业教育的关注不断提高，支持力度不断加大。排名紧随其后的是广西壮族自治区、甘肃省、浙江省、内蒙古自治区，这些省份排名靠前，体现了其在自身财政力所能及的情况下，对高等职业教育发展的支持力度。需要指出的是，浙江省原本在 2006 年排名中等偏上，但在 2015 年跃升到第四位，反映出浙江省近年来对职业教育的重视程度。

五　高职院校资源汲取的校际差异分析

在经费保障上，我国的高等职业教育长期实行"举办者投入"原则，并实行分级管理，因此不同举办主体的高职院校间，其获取公共财政支持的方式和渠道是截然不同的。我国各高职院校的建校基础存在很大差异，历史沿革下来导致现行的高职办学体制呈现多元局面（见图 2-2 和图 2-3）。相应地，高等职业教育的财政体制呈现"多元、多层"的特点。在实践中，隶属于不同举办主体的高职院校可能其所获得的财政经费相去甚远。但现有的研究文献（戴文静、周金城，2012；王贤，2012）多是从省级层面研究我国高等职业教育的经费投入问题，大多忽视了"办学体制"中"举办主体"这一关键的制度要素对财政投入的影响。

本部分首先利用笔者在 2013～2015 年对浙江、广东、天津、北京、重庆和江苏等地 100 余所高职院校的调研访谈资料，归纳总结不同举办主体的高职院校在汲取资源方面的差异；其次，利用教育部《2009 年高等职业教育经费统计报表数据》和《2015 年高等职业教育经费统计报表数据》对 2009 年和 2015 年全国高职院校经费的办学主体差异进行量化分析。

（一）不同举办主体的高职院校的资源汲取差异

根据实地调研资料，本部分将高职院校可获得的资源分为三类：财政资源、体制资源及市场资源。其中，财政资源主要是指高职院校获得的公共财政拨款；市场资源主要是指高职院校从学生及家长身上获得的学费收入以及开展社会培训、技术服务获得的事业收入；体制资源主要是指介于财政资源和市场资源二者之间的中间地带，包括校领导人事待遇、教师编制名额、银行贷款担保、土地出让优惠等政策资源。比较而言，在高职院校所获取的资源中，主要的差异集中体现在财政资源的分配方面。

在财政资源方面，一般来说，省级教育部门（教委/教育厅）和省级非教育部门（其他厅、局）所举办的院校，其经费由省级财政保障，依靠的是省级财力。在这方面，省级教育行政部门所属的院校得到的财政保障相对来讲是最有力的。随着"国家示范性高等职业院校建设计划"的开展，省级教育部门所办院校逐步实现了生均综合定额的拨款办法。从教育部门设立的各类专项经费的分配结果来看，也会明显地向教育部门所属的院校倾斜。2006～2009年设立的国家示范院校建设项目就是很明显的例子（见表2-7）。

表2-7 国家示范院校举办主体的差异（2009年）

单位：所，%

举办单位	院校数	比重	国家示范院校数	比重
中央部门	31	2.7	4	4
省级教育部门	233	20.1	43	43
省级非教育部门	276	23.8	25	25
地市级政府	302	26.0	23	23
国有企业	40	3.4	4	4
民办	279	24.0	1	1
合计	1161	100	100	100

通过表2-7可知，省级教育部门所办院校所占比重最高，有43所（占总体的18.5%），其次是省级非教育部门、地市级政府、中央部门、国有企业所办院校，最少的是民办院校，只有1所（苏州工业园区职业技术学院）。

省级非教育部门所办院校，也即通常所说的行业院校的财政预算通常是列在其主管行业厅局的总财政预算中，由省财政直接拨付。在一些省份，这部分高职院校的预算内经常性经费多是按生均定额法保障的，如天津一些行业性高职院校的教师工资就是按转制当年（20世纪90年代）的教职工人数拨付，尽管事实上随着高等职业教育的大发展，高职院校的师资队伍规模也在大幅度地扩大。行业性高职院校在获得财政专项收入上存在很大差异，这既取决于主管厅局的财政实力及掌握的行业资源的丰厚程度，还取决于主管厅局对高等职业教育的重视程度。地市及以下区县政府举办的高职院校由所举办的本级政府提供财政支持，其财政预算并不归属当地教育局，而是列为市（县）政府的一级预算单位。由于各地市、区县间经济发展、财政收入方面存在较大差异，其对所举办的高职院校的支持力度也呈现明显分化。即使同在一个省份，如广东省，经济发达的地级市所辖的高职院校的生均拨款可达到上万元，而经济落后地区的地级市所办的高职院校的经费投入生均不足千元，二者之间水平悬殊。

对民办院校而言，从目前情况来看，除个别地区①以及因合并公办中专而建校的，民办高职院校很难获得财政经常性拨款。近年来，中央财政和省财政设立了一些高职专项资金，优质的民办高职院校可以通过竞争获得。此外，高职院校也可以竞争各地安排的民办教育引导（扶持）专项资金。但平均而言，民办院校获得的财政专项资金数额普遍较小，学费收入仍是这类高职院校的主要收入来源，如 2012 年北京某民办高职院校的学费收入占当年总经费的 92%。

中央部门所属的高职院校多是航天航空、电力等大型央企所办的院校，与地方国有企业所办院校类似，这些院校的教师人员工资可以得到保障，但公用经费普遍标准较低。受制于体制和机制的束缚，国有企业的资金和设备捐赠无法通过正常的财政渠道进入高职院校。由于教育不是企业的主营业务范畴，高职院校从企业集团得到的支持也比较有限。

在体制资源方面，不同层级公办院校的校领导享受不同级别的行政待遇。一般来说，省属高职院校的党委书记和校长的行政级别通常为副厅级，地市级高职院校的校长和书记通常为处级，县级高职院校的校长和书记通常属于副处级。行政级别的高低在一定程度上会影响校领导对外获取资源的水平。此外，行业性（省级非教育部门）高职院校与省级教育部门所属高职院校在汲取体制资源方面也存在明显差异。一方面，行业性高职院校

---

① 如重庆市政府从 2012 年开始，建立民办高职生均公用经费补助机制，补助标准兼顾办学层次、专业类型等因素，标准为 1400～2000 元。

在主管部门的协调下与相关企业和行业的联系更为紧密，在校企合作、实习实训方面享有更便利的条件；另一方面，行业性高职院校的教师编制受省组织部门管理，"按照省管干部标准进人"（被调研院校反映），师资队伍的发展会受到限制。

在市场资源[①]方面，各类院校之间的差异主要体现为公办院校和民办院校在学费价格上的不同。一般来说，公办院校的学费标准直接由当地物价部门制定，民办院校的学费水平由学校提出，报教育部门和物价部门批准备案。平均而言，民办院校的学费水平是公办学校的 1~2 倍。例如，广东省公办高职院校"文史、财经、管理专业 4500 元/（生·年），理工、农林等专业 5500 元/（生·年），一类艺术专业 10000 元/（生·年）。省直部门、国有企业所办院校，可加收 500 元/（生·年）"。[②] 而广东省民办高职院校除艺术专业外，其学费为 1 万~1.3 万元。需要注意的是，各地高职院校的学费标准一经提出，多年维持不变。调研中发现，个别地区仍遵循十多年前制定的学费标准，这一标准已经远落后于高职生均培养成本的增长速度。

（二）财政资源、市场资源在院校间的分化

限于数据的可得性，本部分分别采用 2009 年和 2015 年数据来分析财政资源和市场资源在不同办学主体的高职院校之间的差异，前者主要用生均预算内财政拨款来衡量，后者主要用生均学费收入来衡量。

1. 2009 年高职院校间生均收支的差异

教育部《2009 年高等职业教育经费统计报表数据》涉及全国 1217 所教育机构，其中 56 所为开设高职课程的中专、研修学院以及本科分院/分校等机构。将这一数据与该年教育部公布的《全国普通高校名单》中的 1215 所专科学校名单做交叉对比，最终得到 1161 所高职院校的经费数据，覆盖了当年全国 95.5% 的高职院校。

用每所院校的在校学生数进行加权，得到不同举办主体高职院校的生

---

① 总体上高职院校的校办产业和社会服务收入数额极小，此处忽略不计。

② 参见粤价〔2008〕150 号《关于完善我省职业技术教育收费管理政策的通知》。

均收支数据（见表 2 - 8）。

表 2 - 8　不同举办主体高职院校的生均收支差异（2009 年）

单位：所，元

举办单位	院校数	生均总收入	生均财政预算内拨款	生均学费收入	生均总支出	生均预算内事业费支出	生均预算内人员经费支出	生均预算内公用经费支出
中央部门	31	12753	3505	5313	12605	2411	1614	797
省级教育部门	233	12653	5833	4516	12124	5392	2867	2525
省级非教育部门	276	12346	5886	4838	11944	4797	3039	1759
地市级政府	302	11723	5493	4498	11425	4637	3254	1382
国有企业	40	11726	3039	5544	10465	2897	2180	718
民办	279	11032	409	8337	11680	323	288	35

从表 2 - 8 中可以看到，总体上，不同举办主体院校间的生均总收入水平差异不大，但在生均财政预算内拨款和生均学费收入两个指标上呈现明显分化。具体而言，民办高职院校的生均财政预算内拨款和生均预算内事业费支出及生均预算内人员经费支出均在 280～410 元，这说明民办高职院校得到的公共财政很少；而民办院校的生均学费收入（8337 元）为其他举办主体学校生均学费收入的 1.5～1.9 倍，且生均学费收入占生均总收入的 76%，可见民办高职院校对学费的高度依赖；在其他五类公办院校中，省级非教育部门所办院校的生均财政预算内拨款最高，其次是省级教育部门、地市级政府，最低的是中央部门和国有企业所办院校。在这五类公办高职院校中，生均财政预算内拨款占生均总收入的比重分别为 48%、46%、47%、27% 和 26%，明显呈现两个层次：以省级非教育部门办学、省级教育部门办学、地市级政府办学为代表的生均财政预算内拨款相对较多的多数院校（生均 5400～5900 元）；以中央部门和国有企业为代表的生均财政预算内拨款较少（生均 3000～3600 元）、生均学费收入较高的少数院校。另外，从表中还可以看到，在公办院校中，省级教育部门办学的生均预算内事业费支出最高，其生均预算内公用经费支出也最高，说明其教学条件的保障较好。

2.2015 年高职院校间生均收支的差异

将教育部《2015 年高等职业教育经费统计报表数据》与 2015 年教育部公布的《全国普通高校名单》中的 1343 所专科学校名单做交叉对比，最终得到 1307 所高职院校的经费数据，覆盖了当年全国 97.5% 的高职院校。

用每所院校的在校学生数进行加权，得到不同举办主体高职院校的生均收支数据（见表 2－9）。

表 2－9　不同举办主体高职院校的生均收支差异（2015 年）

单位：所，元

举办单位	院校数	生均总收入	生均财政预算内拨款	生均学费收入	生均总支出	生均预算内事业费支出
中央部门	25	24576	8432	5117	22914	21786
省级教育部门	252	19852	13022	4734	19000	18453
省级非教育部门	343	20658	13515	4664	19641	19049
地市级政府	336	19621	13049	4384	19166	18175
国有企业	43	18055	6866	5414	17164	16533
民办	308	11737	892	8516	12742	11616

从表 2－9 中可以发现，总体上，到 2015 年不同举办主体高职院校间的生均总收入水平差距拉大，主要表现为公办院校和民办院校之间的经费水平悬殊，公办院校内部的地市级政府办学和国有企业办学的差异也在扩大。具体而言，民办院校的生均总收入为 11737 元，五类公办院校的生均总收入是民办院校的 1.5～2.1 倍，相差较为明显；民办院校的生均财政预算内拨款为 892 元，生均学费收入为 8516 元，生均学费收入占生均总收入的 72.6%，生均财政预算内拨款占生均总收入的 7.6%，尽管民办院校的财政预算内拨款占比略有增长，但还是高度依赖学费收入。在公办院校内部，从生均财政预算内拨款可以看出，省级教育部门办学、省级非教育部门办学和地市级政府所办院校可以获得的生均财政预算内拨款都在 13000 元以上，可以获得较高水平的财政经费；而中央部门（其中 4/5 为央企办学）所办的高职院校的生均财政预算内拨款比国有企业办学高出 1500 多元，其经费的富裕程度明显好于后者，这在生均总支出和生均预算内事业费支出

的差异上也有体现。这也说明其办学条件和办学水平的保障程度较高。

总之，相比于 2009 年，2015 年院校间的差距主要来自财政经费在公办院校间有大幅提升，民办院校可以获得的财政拨款极为有限，并且学费水平基本没变。同时，财政拨款在公办院校内部的分配也有差异，如国有企业所办院校的生均财政预算内拨款最低，生均预算内事业费支出最低。相对而言，省属和地属高职院校的经费保障水平较高。

我国高职多层次、多渠道的拨款体制在客观上已经造成了不同举办主体的高职院校在汲取财政资源、体制资源和市场资源方面存在明显的分化。可以说，"职业院校的出身决定了其财政汲取能力的强弱"。各高职院校与举办主体，尤其是与各级政府的关系亲疏、位置远近不同，使得其在汲取各种财政资源方面呈现较大差异，分化明显。

第三章　区域视角下高等职业教育的
生产效率研究

　　示范院校建设时期，高等职业教育的人才培养质量日益得到人们的关注。在微观层面，专业作为高职院校培养人才的基本单位，高等职业教育专业的建设水平已成为提升高等职业教育质量的一个关键环节。一般而言，社会中各个领域所需的专门人才是通过不同专业的培养来实现的。各专业在其课程建设与改革、专业教学团队建设、实训基地建设等方面的投入与设定不同，将会直接影响该专业学生的培养质量，进而影响其在劳动力市场中的表现。

　　因此，从微观层面出发，以高等职业教育的专业为研究单位，考察在院校组织特征和地区经济发展的背景下，专业层面有关教师、课程、校企合作等方面的要素投入对高职院校学生的培养质量和就业促进的影响作用，也即研究专业层面的高等职业教育的生产过程——人才培养的效率问题，对于高等职业教育的内涵发展和专业建设具有重要的现实意义。

　　首先，本章介绍了我国高等职业教育专业发展的现状与问题，引出具体的分析问题；其次，梳理了高等职业教育投入－产出分析相关文献并提出分析框架；再次，介绍本章实证分析所用的数据、变量和研究方法；最后，以制造大类为例，对我国高等职业教育专业层面的生产效率进行具体分析，并加以总结讨论。

一　高等职业教育专业发展的现状与主要问题

（一）高等职业教育的专业结构与专业管理

什么是专业？《实用教育大词典》对专业的规定为"高等学校或中等专

业学校根据社会分工、经济和社会发展需要以及学科的发展和分类状况而划分的学业门类。高等学校和中等专业学校设置的各种专业，体现各自不同的培养目标和规格，制定各自不同的教学计划和课程体系"（王焕勋，1995）；《教育大辞典》对专业的定义译自俄文，"中国、苏联等国高等教育培养学生的各个专门领域"，大体相当于《国际教育标准分类》的课程计划（program）或美国高等学校的主修（major）（顾明远，1991：26）；也有学者认为，"专业是课程的一种组织形式"（潘懋元、王伟廉，1995）。总的来说，在中国的语境下，"专业"这个概念是新中国成立初期从俄语翻译而来的，但经过数十年的发展，已经成为一个本土化的概念，很难用一个准确的英文词语来与此对应。比较相近的解释应当是"major"或者"major program"，而非更强调职业岗位特征的"profession"。从中国的具体教育实践来看，高等教育领域中的"专业"带有一种很强的实体意味，意味着由同一专业学生所组成的班集体、教师组织以及与教师组织相连的经费、教师、实验室、仪器设备和实习场所等（卢晓东、陈戴孝，2002）。1952年，教育部长马叙伦曾在全国农学院长会议上指出，高等学校中以系为管理单位，以专业为教学的主要机构。可以说，中国行政主管部门对大学教学的控制，径直穿越大学的管理层，直接达到专业层面（胡建华，2001）。这也导致在高校内部教学经费分配中，大部分高校主要以专业所有的学生数为分配依据。"专业已经成为相对独立的资源使用和产出单位。专业实体的资源基本上只服务于本专业的人才培养。"（卢晓东、陈戴孝，2002）

高等职业教育的专业一般被定义为"以职业岗位群或行业为主，兼顾学科分类的原则而划分的，培养学生具有从事特定职业或行业工作所需的实际技能和知识的学业门类（专门领域）"（中华人民共和国高等教育司、全国高职高专校长联席会，2005：32），"高等职业学校根据某职业岗位对劳动者的素质和技术要求，依据教育的基本规律而组建的课程群"（董新伟、杨为群，2009：1）。专业是依据社会分工及个性发展需求而设立的培养专门人才的学业类别，是高等教育的基本单位或基本组织形式，主要通过课程的科学组合实现其培养目标。

高等职业教育的专业建设是保证人才培养对口就业的首要和关键环节，是提高高等职业教育质量、提升高等职业教育生产效率的关键。专业作为一个介于课程与工作的中间组织，是高等职业教育与社会需求的结合点。社会中各个领域所需的专门人才是通过不同"专业"的培养来实现的。各专业在其课程建设与改革、专业教学团队建设、实训基地建设等方面的投入与设定不同，将会直接影响该专业学生的培养质量，进而影响其在劳动力市场中的表现。此外，我国教育主管部门对高等教育内部设置的管辖对象是专业，而不是系和研究所。也就是说，专业是政府对高等职业教育质量进行引导和调节的主要载体。

高等职业教育的专业是高职院校服务社会、联系社会的纽带，专业管理是优化专业结构、提高人才培养质量、增强就业能力的重要保证。高等职业教育的专业结构主要是指高等职业教育所设置的专业的种类、个数、比例关系和组合方式（中华人民共和国高等教育司、全国高职高专校长联席会，2005：69）。高等职业教育的专业结构涉及不同的层面，例如国家层面、地区层面和学校层面。

2004 年教育部首次颁发的《普通高等学校高职高专教育指导性专业目录（试行）》（以下简称《高职专业目录》）突破了本科按学科体系分类的方式，而以三大产业为主要分类依据，兼顾学科，将高职专业分为 19 个专业大类，这是第一层次；以行业、技术领域为主要依据，同时考虑专业所具有的基础知识和基本技能的侧重关系，在专业大类以下划分第二层次的 78 个专业类；以职业岗位（群）或职业为主要依据，系统考虑知识的相关性和就业导向，划分第三层次的专业，2004 年的《高职专业目录》有高职专业 532 种。表 3 - 1 依据《高职专业目录》对高等职业教育的专业结构进

表 3 - 1　高等职业教育的专业目录结构

产业	专业大类	专业类
第一产业	农林牧渔	农业技术、林业技术、畜牧兽医、水产养殖、农林管理
第二产业	交通运输	公路运输、铁道运输、城市轨道运输、水上运输、民航运输类、港口运输、管道运输
	生化与制药类	生物技术、化工技术、制药技术、食品药品管理
	资源开发与测绘	资源勘查、地质工程与技术、矿业工程、石油与天然气、矿物加工、测绘

续表

产业	专业大类	专业类
第二产业	材料与能源	材料、能源、电力技术
	土建	建筑设计、城镇规划与管理、土建施工、建筑设备、工程管理、市政工程、房地产
	水利	水文与水资源、水利工程与管理、水利水电设备、水土保持与水环境
	制造	机械设计制造、自动化、机电设备、汽车
	电子信息	计算机、电子信息、通信
	环保气象与安全	环保、气象、安全
	轻纺食品	轻化工、服装纺织、食品、包装印刷
第三产业	财经	财政金融、财务会计、经济贸易、市场营销、工商管理
	医药卫生	临床医学、护理、药学、医学技术、卫生管理
	旅游	旅游管理、餐旅管理与服务
	公共事业	公共事业、公共管理、公共服务
	文化教育	语言文化、教育、体育
	艺术设计与传媒	艺术设计、表演艺术、广播影视
	公安	公安管理、公安指挥、公安技术、部队基础工作
	法律	法律实务、法律执行、司法技术

行了梳理，涉及第一产业的有 1 个专业大类，5 个专业类，38 个专业；涉及第二产业的有 10 个专业大类，45 个专业类，287 个专业；涉及第三产业的有 8 个专业大类，28 个专业类，207 个专业。

同时，2004 年教育部颁发了《关于高职高专教育专业设置管理办法原则意见》及《普通高等学校高职高专教育专业设置管理办法（试行）》（以下简称《高职专业管理办法》），对高等职业教育的专业设置和管理体系做出了规定，具体有如下几个方面。一是规定"在指导性目录框架内，大类及二级类相对稳定，第三级专业名称供各地教育行政部门和学校在审核备案和设置时参考使用，学校可在相关的二级类中增设目录外的专业，也可依据第三级目录中的专业名称以（）形式标出专业方向或该专业内涵的特色；同一名称的专业，不同地区不同院校可以且提倡有不同的侧重与特点，设置有学校特色的课程和实习实训环节"。二是明确了高等职业教育专业设置和调整的原则，"要适应生产、建设、管理、服务第一线的需要，根据地区、行业和社会发展的需要，按照技术领域和职业岗位（群）的实际要求进行，以适应我国经济发展、科技进步和产业结构调整的需要"，规定从2004年起，教育部将每三年根据各省设置目录外专业的实施情况和社会需求对《高职专业目录》进行动态调整，通过调节招生计划等方式减少或限制连续三年达不到本省份平均就业率的高职专业，并将核减额度以奖励方式投向就业率较高的专业。三是明确了各利益主体的管理职能，基本上形成了以高职院校自我管理为基础，省级教育行政部门监管和国家教育行政部门调控相结合的高职专业管理体系。

为配合《高职专业目录》及《高职专业管理办法》的有效实施和动态管理，2004年教育部研发了高职专业网络管理工作平台，对高职专业与专业点的申报、核准、设置进行管理与调控。为落实《教育部关于全面提高高等职业教育教学质量的若干意见》中的高职院校评估工作的指示，教育部于2008年起运行"高等职业院校人才培养工作状态数据采集平台"，对高职院校每年的办学条件、专业建设、师资水平等信息进行了统计和汇总，从中可以了解到全国高职院校最新的教学质量状况。

《中国高等职业教育年度报告（2009年）》显示，2009年，全国高等职业教育备案招生专业涉及19个专业大类，78个专业二级类，750种专业，覆盖了全国第一、第二、第三产业所有领域。其中，第一产业有90种专业，占专业总数的12.0%；第二产业有150种专业，占专业总数的20.0%；第三产业有510种专业，占专业总数的68.0%。从全国来看，第三产业的专业数最多，占据了相当大的比例，而第二产业的专业数只占两成，这与当前中国的工业化强国的目标并不相符。

（二）高等职业院校专业发展的主要问题

高等职业教育具有高等教育和职业教育的双重属性，以培养生产、建设、服务、管理第一线的高端技能型专门人才为主要任务。高等职业教育的快速发展为社会主义市场经济建设提供了强有力的人才支持和智力支持，为国民经济建设和社会的稳步发展做出了积极的贡献。

在取得成就的同时，中国高等职业教育的发展前景不容乐观。长期以来，高等职业教育的发展多强调规模上的急剧扩张，追求绝对数量上的增长，对质量问题的重视力度不够。高等职业教育的质量方面暴露出了很多问题，诸如办学条件差、师资力量缺乏、课程设置与社会脱节，进而出现高职毕业生就业难等（杜安国，2010）。教育部和财政部（2011）在《关于支持高等职业学校提升专业服务产业发展能力的通知》中对这些问题进行了总结，"从全国情况看，高等职业学校的整体办学水平尤其是专业建设水平还不能很好地适应推进职业教育改革创新、构建现代职业教育体系、服务经济社会发展和现代化建设的需要，突出表现为：管理体制和运行机制不灵活，办学活力不足；专业设置与产业发展脱节，课程教学内容与行业技术应用脱节，教学手段和方法针对性不强；师资队伍的数量、质量与结构不能满足高端技能型专门人才培养的要求，'双师'结构教师队伍的建设和管理制度尚未建立；毕业生实践能力和职业态度不能完全满足工作要求，学校的实训实习条件、职场环境亟待完善，职业精神培养亟需加强"。结合国内的教育实践和已有的文献，将中国高职专业发展的主要问题归纳为专业投入、专业产出以及专业设置与调整三方面的问题。

1. 专业投入方面的问题

教师队伍的数量、素质与结构无法满足高等职业教育发展的需求。具有企业工作经历的专业教师普遍缺乏，"双师"素质的专任教师比例不高；专业教学团队中来自生产第一线的兼职教师承担的教学任务比例不高。具体而言，在一些由中专升格或合并而成的高职院校以及一些新建院校中，师资力量普遍薄弱，且随着招生规模的扩大，专任教师数量明显不足，尤其是缺乏"双师"型教师（吴高岭，2009；王明伦，2005：78），随之出现的一个结果就是兼课教师数量增多，专业建设仅靠相关专业领域的教师支撑，往往疲于应付教学任务的完成，难以保证教学质量（傅家旺，2009）。

课程建设缺乏针对性，理论与实践脱节。一些调查研究发现（马燕，2007；邓岳敏，2010），高职院校的课程结构不合理。必修课过多，选修课较少；重课堂教学，轻实践课程，理论课程过多；理论知识与实践环节的衔接不够，专业面过窄；考核以笔试为主，不够科学。此外，高职院校的教材内容陈旧，更新并不及时，而且已出版的高职教材不少是普通本科教材的删减或压缩版本，实训教程更是匮乏（中华人民共和国高等教育司、全国高职高专校长联席会，2005：8；黄宏伟，2009）。

实践教学体系不完善，实训基地的利用率不高，实训基地的资源优势和功能没有充分发挥。在有些地区，高职校内实训基地由于办学经费不足而面临困难，设备难以更新；校外实训基地则因缺乏政策支持、企业出于产品质量及经济效益的考虑而不愿让学生顶岗实习，加之一些合资或外资企业出于"技术秘密"的考虑而很难落实学生的顶岗实习[①]，导致大部分高职院校都没有稳定的校外实训基地（吴高岭，2009）。

企业、行业的参与度不够。行业、企业等用人部门缺乏与学校合作的积极性，也没有真正参与到学校教育教学过程中。多数校企合作的模式还停留在企业为学校提供实训场所和指导实践教学的外围层面上，而在专业课程的开发设置、教学内容的选择、教学计划安排、课堂教学等教学核心工作方面，企业的参与程度远远不够（丁永香，2011）。

2. 专业产出方面的问题

就业率虽高，但就业质量不高。就业率是最直接反映高等职业教育专业建设水平的产出指标。有研究利用教育部 2009～2010 年的高校毕业生初次就业统计资料，计算出 2009 年高职高专院校毕业生的初次就业率[②]为82.6%，2010 年为 86.5%，略高于一般本科院校，低于"985"院校（全国高校学生信息咨询与就业指导中心、北京大学教育学院，2011）。麦可思公司在多年全国范围的网上抽样调查问卷的基础上，分别对 2007～2011 年全国应届高职毕业生半年后的就业率[③]做了报告（麦可思研究院，2010，2012），仅从就业率来看，高职毕业生找到工作、实现就业的总体形势尚可。

然而，在考察就业率的绝对数值之外，更应关注就业的质量问题，即高职毕业生找到了什么类型的工作？工作内容是否与所学专业相关，可以

[①] 顶岗实习通常是指职业学校"2＋1"教学模式下所推行的一种学生实习方式，即学生在校实习两年，第三年到专业对口的企业中，带薪实习 12 个月。这种岗位就业实习，既是学生毕业前进行岗前培训的实习，又是实践教学中综合技能训练的重要组成部分。
[②] 初次就业率指离校时，已经确定就业去向的毕业生人数占全体毕业生总数的比例。
[③] 毕业半年后：毕业第二年的 2 月。高职高专毕业生的就业率＝已就业高职高专毕业生人数/需就业的高职高专毕业生总数；其中，已就业人数不包括专升本人数，需就业的毕业生总数也不包括专升本人数。

一展所长？一般来说，毕业生从事与专业相关的工作（对口就业）的比例可以作为衡量毕业生就业质量的重要指标。依据麦可思研究院（2011）对全国22.7万名2010届高校毕业生的网上调查，2010年高职高专毕业生的专业对口率为59%，2009年这一比例为57%，比本科毕业生低了约10个百分点。岳昌君（2009a）对2003~2009年的四次全国高校毕业生就业状况的抽样调查显示，在已确定单位的专科（高职）毕业生中，平均而言只有51.2%的毕业生是对口就业，而本科毕业生的比例是66.6%。另外，邓岳敏（2010）于2010年对福建省3所高职院校的应届毕业生进行抽样调查后发现，81.4%的被调查者认为一半以上的毕业生从事与专业无关的工作，55.3%的被调查者认为少部分毕业生从事与所学专业相关的工作；而总体上被调查者的就业率普遍较高。这都说明高职毕业生比较容易就业，但就业的质量不高且大多从事与所学专业无关的工作。这对于专业人才的培养工作而言，无疑是相当巨大的资源浪费。值得注意的是，"在部分工科类专业岗位上，如计算机，一方面企业找不到足够合格的毕业生，另一方面部分毕业生只好在非专业岗位就业"（麦可思研究院，2010）。这也从侧面反映出某些高职院校的办学质量问题，培养出的毕业生难以通过市场的检验。

3. 专业设置与调整方面的问题

专业设置重复率高是一个较为突出的问题。受市场因素的影响，高职专业设置的短期行为明显。部分高校在专业设置时缺乏对人才需求的整体分析和中长期分析，多关注人才需求，少着眼于人才供给，导致一些办学投入少的热门专业，尤其是对实训设备要求和资源条件门槛较低的专业，增长迅速，甚至出现"一哄而上"的严重过剩，例如财经专业和计算机专业。专业设置的高重复率在全国范围来说都是一个普遍的现象，一些典型省份关于高职专业设置现状的量化统计研究都说明了这一点，如广东（黎荷芳，2005）、黑龙江（刘春清等，2005）、江西（杜侦等，2005）、吉林（鲍艳等，2007）、湖北（闵建杰，2007）、陕西（张广良，2007）、天津（彭友，2008）、湖南（傅家旺，2009）、重庆（赵佳佳等，2010）、河北（张文雯等，2010）、浙江（李贤政，2010）、新疆（孙晓伟等，2011）、山东（丁永香，2011）。这些研究分别将各省不同院校所开设的专业类或者专业方向进行汇总统计后发现，高职院校专业设置存在严重的"同构性"，不同院校间的同类专业在专业定位和课程体系上趋同，千篇一律，高技能人才的培养缺乏自身特色和针对性。这些都在一定程度上造成了教育资源的严重浪费，增加了人才培养的成本，也大大加重了毕业生的就业压力。

专业设置与区域经济发展要求不相适应。高职院校拥有专业设置的自主权，并且高校常常注重经济效益和短期效益，忽视社会效益和长远发展，专业设置与区域产业发展的关联性较差。一些高校有能力开设且社会有需求的专业仍处于空白，有一些社会急需的专业发展缓慢（李贤政，2010）。比较三大产业对国民经济的贡献和本地专业设置的结构，陕西（张广良，2007）、天津（包红霞，2010）、重庆（赵佳佳等，2010）、河北（张文雯等，2010）、宁夏（孔斌等，2010）、新疆（孙晓伟等，2011）、山东（丁永香，2011）等地的实证研究发现，整体而言，相比于第三产业，涉及第一、第二产业的高职院校专业开设比例较低，与本省区域经济的发展要求不一致。

这些都是构成中国劳动力就业的结构性矛盾的表征之一。一方面，在某些国家重点振兴的产业中，如汽车、装备制造、船舶和有色金属等，急需大批高素质、高技能的专门性人才，但与之对应的重点本科、高职院校的专业人才供给处于紧张状态，出现人才缺口。另一方面，某些"热门"专业开设重复率过高，短期内市场提供的该类工作岗位有限，出现了大学生"就业难"以及专业不对口等现象。

（三）专业层面投入–产出效率问题

在高等职业教育从规模发展转向内涵建设的背景下，高等职业教育的质量问题日益得到关注。从前文的研究中可知，当前高等职业教育发展中暴露出许多质量问题，比如师资力量薄弱，"双师"型的专任教师匮乏，实践课程在总学时中比例过低，教材内容陈旧与市场需求脱节，学校与企业的合作流于表面，等等，这些都导致高职毕业生大多学非所用，就业质量堪忧。

因此，如何在当前的办学条件下，提高高等职业院校的办学质量，即提升高职学生的培养质量，有效地促进高职学生就业，最大限度地物尽其用，人尽其才，使得高职资源的配置最为有效，是当前高职院校、教育行政部门所面临的难题，这也是高等职业教育内涵发展的关键所在。

在高等教育阶段，专业作为一个介于班级和学院、连接课程与工作的中间组织，是一个研究高级人才培养质量的恰当的组织单位。已有的多个研究都发现，不同专业类别的教育资源投入存在一定差异，在教育产出方面（学业成就、工资收入和就业）也有显著区别（Psacharopoulos，1987；Grubb，1992；Rumberger & Thomas，1993；Dolan & Schmidt，1994；McNabb，Pal，& Sloane，2002；Bailey，Jenkins，& Leinbach，2005）。因此，以专业类为分析单位，既可以考察微观层面的教育组织生产过程，又可以进一步挖掘专业所属的行业、产业特征，将教育供给与教育需求结合起来，还原一个准确的专业层面教育生产图景。

基于此，从微观层面出发，以高等职业教育的专业为研究单位，考察高等职业学校有关教师、课程、校企合作等要素投入对高职学生就业的影响，即研究高等职业教育的生产过程——人才培养的效率问题，在考虑院校制度特征的基础上，进而分析不同地区之间经济发展水平的差异对高职院校专业生产效率的影响，这是本书所关注的核心问题之一。

（1）在高职样本专业内，课程、教师和校企合作的要素投入是如何影响样本专业的学生的平均就业率（一般或实习对口就业率）的？也就是说，哪些要素对学生的就业率有显著的影响？影响程度如何？

（2）对于样本专业而言，公办高职院校和私立高职院校的教育生产效率有何差异？或者重点示范院校与普通非示范院校之间的教育生产效率有何差异？

（3）省际的经济特征是如何影响样本专业的生产效率的？具体而言，一省的 GDP 发展水平和产业结构水平是如何影响样本专业的要素投入与学生就业率的关系的？

本研究的意义可以概括为在学术和教育实践两方面的贡献。学术方面的贡献在于以下两点。第一，尽管有关教育生产效率的研究非常丰富，但不论是国外文献还是国内文献，专门针对高等职业学校的生产效率的实证研究较少，并且基本上遵循传统的教育生产函数模型，以高职学生的学业表现为产出指标。而本研究试图用高职学生在劳动力市场上最直接的产出结果——就业来衡量高等职业教育的生产效率和质量，是一次大胆的尝试，并且，本研究针对高等职业教育的特质，在分析中加入一些高职院校所特有的投入要素（如校企合作、实践课程等），以丰富相关的职业教育理论。第二，本研究从微观出发，构建专业层面的高等职业教育投入与产出的数据库，探索高职院校专业组织的教育生产过程。国外学者对初等教育（或普通学校）有关学业表现的生产效率或资金配置等问题进行研究时，分析单位最多从学区细化到学校或者班级，很少以专业组织为分析单位，这是本书较为突出的创新之处。

在教育实践方面的贡献为以下两点。第一，可以为政府及教育主管部门制定有关高等职业教育质量、专业建设等方面的政策提供参考。本研究选取典型的机械设计制造等四种制造大类的专业类和计算机类专业，结合地区（省份）的经济发展水平和产业结构特点来探讨高等职业教育人才培养的运行状况，与国家的职业教育工作重点和政策在大方向上保持了一致。第二，本研究还可以为高职院校的自身专业建设以及有效促进学生就业等工作提供参考依据，有利于高职院校借鉴有效的人才培养模式，合理安排各项教育资源，并针对自身的组织、制度特征明确定位，在高等职业教育发展中保持自身的竞争优势，提高人才培养质量。

二 文献综述和分析框架

本部分中，笔者首先探讨了教育投入和教育产出的关系，然后在教育生产效率的思路下研究高等职业教育的各项资源投入，如教师、课程以及校企合作对学生就业的影响，最后将这一分析思路置于院校组织特征、地区经济发展阶段的背景之下，围绕这些问题展开文献梳理。

教育投入和教育产出之间的关系，追根究底，是一个效率的问题。在此，十分有必要厘清效率（efficiency）这一关键概念。Levin 等（1976）指出有两类效率，一类是技术效率（technical efficiency），即采用使可得资源获得最大可能产出的方式即有效率的，或者说有其他的组织可以生产出更多产品；另一类是配置效率（allocative efficiency）或者说价格效率（price efficiency），代表在一定的预算下，给定相对价格，最佳的资源组合方式，也即在预算约束条件下，没有其他的资源组合方式能使组织获得更多的产品。Lindsay（1982）在有关高等教育生产效率的文献综述中继承了这一思想，认为效率的概念可以从两个方面进行解读，一是在产出（output）一定的水平下，各种投入（input）组合的最优形式（例如成本最小化），更强调的是配置效率或者说价格效率；二是生产（production）、资源运用（resource use）以及技术效率，也即在一定量的资源投入下获得最大可能的产出，这与"生产力"（productivity）的概念最为接近。其他的学者也多认同这一观点。Gates 和 Stone（1997）认为，效率是生产力概念的一个维度，是指既定资源水平下可获得的产出的数量和质量；如果一个部门基于给定水平的资源，能够有更高数量和更优质量的产出，就是效率改进的。

一般而言，教育的投入可以分为两大类，一类是政策制定者可以控制的，如学校自身的特征、教师和课程；另一类是政策制定者不可控的要素，比如家庭、同伴、学生自身的天赋或者学习能力等（Hanushek，2010）。因为第二类是教育机构和政策制定者无法通过努力进行改善的，所以教育机构和政策制定者多关注第一类的资源投入。下文将依照这一思路，侧重于对第一类投入要素进行文献梳理。第一类的学校投入又大致包括教师的素质（受教育程度、教学经验、性别等）、学校组织（班级规模、设备设施、行政支出等）以及小区或学区投入（如平均教育支出水平等）。大部分学校预算投入都花费在教学人员身上，因此更注重教师的功效。课程的广度和深度、学校的绝对规模、课外活动的种类和范围，以及学生到学校图书馆获得图书的种类和便利程度等，也是不能忽视的一些学校投入变量。

在众多的文献研究中，教育的产出多是用学生的学业表现（通常以标准化的考试成绩来度量）或者完成教育的年数来测量。它假定一年的教育产出在每个国家和不同时期内都可以"生产"出同等程度的学生成就或者能力（Hanushek，2010），这一条件不容易实现。学生毕业后进入社会就业，考试成绩作为测量个人能力在劳动力市场上成就的一个粗糙的指标，并不完美（Mincer，1970；Card & Krueger，1996a）。值得注意的是，有一部分研究使用了其他的数量指标来衡量教育的产出（Neuman & Ziderman，1991；Draper & Gittoes，2004；Baily et al.，2006；Noy & Weiss，2010），比如将学生的态度、学校的出勤率、高一级教育的升学率或辍学率以及就业的可能性和工资收入作为衡量学生在未来劳动力市场上成功与否的指标。有学者将高等教育的间接产出（outcome）与教育投入的比较，定义为高等教育的外部效率，衡量的是高等教育对劳动力市场的满足情况和对经济增长和社会发展的贡献（丁小浩，2000）。

（一）教育生产效率的讨论

最早开始研究学校投入和产出的研究可以追溯到科尔曼等人于1966年所做的关于美国"教育机会均等"的报告（Coleman et al.，1966）。这份报告对美国645000名中小学生的学生成绩进行分析，发现学生的成绩与学校的教育质量没有必然的联系，而学生的社会经济背景与成绩之间存在一定的相关性。"科尔曼报告"采用的基本模型是教育生产函数，假定教育过程的产出（学生成绩）直接与学校、教师和个人等一系列投入有关。虽然成绩在时点测量时通常是离散的，但教育过程是累积的，过去的投入影响学生当前的成绩。

尽管学者们纷纷对"科尔曼报告"所采用的研究方法进行批评和质疑，例如报告中所使用的统计方法无法把不同因素对学生成绩的影响区分开来（Bowles & Levin，1968），但该报告自问世后在美国学术界和教育界引起了极大的争论。因为这份报告被普遍解释为学校资源的投入对学生成绩没有显著的影响，人们开始对教育投入以及公办教育质量进行反思。在此后的数十年间，针对学校资源投入和学校产出关系的研究层出不穷，争论不息。迄今为止，借鉴Rolle（2004）的思路，关于教育生产效率的争论主要可以归纳为以下两大类：一是教育投入与教育产出之间没有经济效率；二是教育投入与教育产出之间存在经济效率。

1. 教育投入与教育产出无关

这一思路是延续"科尔曼报告"进一步展开的，随后《国家处于危险之中》报告的发表，更促进了大量有关学校资源投入、教师、学生家庭与学生学业成就之间关系的研究的涌现。其中的代表人物Hanushek发表了一系列的文章，在总结了数百份有关教育生产效率的实证研究后指出，学校的投入和产出之间不存在明显的、系统的相关性（Hanushek，1979，1986，1989，1997，2001，2003，2005，2010）。例如，他在1989年的文章中对187项美国学校开支与学生成绩的研究进行总结，发现生师比、教师的受教育程度，以及教师经历对学生成绩并没有显著的正向影响；而教师的工龄对学生成绩有比较弱的正向影响。对于教师工资、生均工资和管理设施等的研究也发现，学校开支和学生成绩之间没有强的关系。类似地，他在2003年的文章中总结了90份1995年以前的377项独立的教育生产函数测量的研究，只有9%的测量研究发现教师教育（teacher education）和14%的测量研究中发现生师比（pupil-teacher ratios）在学校要素投入中与学生的学业表现有统计上的正显著相关；29%的测量研究发现教师的工作经验和学生成绩有正相关，而其他71%的研究则显示教师经验与学生成绩无关；对于财政资源投入的效应研究得到了相似的结果，甚至有7%的研究表明增加财政投入会对学生成绩造成负面影响。值得注意的是，Hanushek（2003，2010）一再强调，这些结论只说明了学校的教育生产是没有效率的，但不可以阐释为学校的投入和产出完全无关。

通过这些研究，相当多的学者（Murnane，1991；Betts，1996；Hanushek，2001）认为目前学校并不需要过多的资金和资源，而是需要更有效地使用现有的资源，比如通过缩小班级规模、提高组织管理及学区和学校的行政运行效率等措施来促进教育效率的提升。

2. 教育投入与教育产出有关

尽管有大量的文献研究支持"公立教育组织缺乏生产效率"的观点，但与之相反的观点——教育投入和教育产出之间存在效率关系也有充足的证据支持。Murphy和Hallinger（1986）主张教育过程中教师质量、学校时间的利用、课程内容等要素都与教育的生产效率紧密关联。之后有许多研究表明学校投入与学生成绩有显著的正向相关关系，并且学生成绩的测量指标不同，产生的影响略有差异（Hedges，Laine，& Greenwald，1994；Walden & Sisak，1999；Dolton & Vignoles，2000）。Ferguson（1991）对美国得克萨斯州的学区的资料进行分析，以学生的成绩来代表学校产出，发现教师经验、生师比以及班级规模都对学生的成绩有显著的积极影响。但是教师的工作经验对学生成绩的影响有一定的"门槛作用"，一旦教师拥有超过5年的工作经验后，再增加工作经验对提高学生成绩的影响并不显著。

对于学校投入与以工资收入来衡量的学校产出之间的关系的研究也得出了相似的结论。例如，学校的资源（如生师比和教师工资）对于学生毕业后的工资收入有显著的正向影响（Rizzuto & Wachtel，1980；Card & Krueger，1992）。Card 和 Krueger（1996b：133）发现，学校的生均经费每增长10%，学生毕业后的工资收入每年就会增长 1% ~ 2%。

此外，对于相同的数据，采用不同的度量教育产出的指标或者运用不同的统计分析方法得出的结论也可能不同。例如，Card 和 Krueger（1992）的研究表明，用学生毕业后的工资收入取代学业成绩度量教育的产出，学校资源投入的影响从与学业成绩无关转变为与工资收入显著相关。这可能是因为学校的资源投入虽然对学生的考试成绩影响不大，但可以有力地促进个人收入的增长。在统计方法方面，Hedges 等（1994）运用元分析（Meta-Analysis）对 Hanushek（1989）的研究资料进行再分析，发现学校的资源投入对学校的产出有显著的正向影响，这与 Card 和 Krueger（1996b）采用同样的方法对前人的研究再分析后得出的结论一致。

3. 对两种观点的总结评价

综合以上两种观点，尽管这些研究中测量教育投入和教育产出的指标不尽相同，采用的统计方法[①]也日渐复杂，研究结论也存在分歧，但并不影响我们得出这样一个结论：一些资源的投入始终在改善着教育的产出（Verstegen & King，1998；Gamoran & Long，2006）。对于学校而言，一定数量的教育投入会影响教育的产出水平，但并不是更多的资源投入一定能够带来更多的产出（Hanushek，2001）。可见，教育投入是影响教育质量和教育产出的必要条件，却不是充分条件。在这个思路之下，探讨如何使用既定水平的教育投入来提高教育质量，获得更高的教育产出是有意义的，也即关注的焦点不在于"资金（资源投入）重不重要"或者"资金（资源投入）去了哪里"，而是"为什么资金（资源投入）要这样分配"。尽管教育组织有效利用资源的问题已引起广泛的关注，但学术界仍没有科学的、不容置疑的实证研究证据来深化或修正教育经济效率的理论，或者改进目前教育生产过程中的经济效率水平（Rolle，2004）。

值得注意的是，早期的教育生产效率研究绝大多数是针对小学和初中

---

① 例如，多层线性模型（Hierarchical Liner Model）、随机控制实验（Random Control Trial）、数据包络分析（Date Envelopment Analysis）、随机前沿分析（Stochastic Frontier Analysis）等。

阶段的教育进行分析，很少有学者关注高等教育阶段。正如 Hanushek（1986：1143）所指，"高等教育的经济学研究需要关注不同群组之间所面临的进入和成本等有关分配性的问题；事实上，现在很少有人关注高等教育或特殊项目的生产过程分析"。这可能是由于在高等教育阶段，教育组织的功能日益多元，担负着多重使命，因而教育的生产过程更加复杂。

（二）高等职业教育投入与学生就业的研究

对于高等职业教育而言，教育生产函数模型的适应性需要重新考察，教育投入和教育产出的测量指标也需要具体分析。Hanushek（1986）指出，"对于教育产出的评价是以考试成绩来测量认知能力与所掌握知识的水平，这些对于小学和初中阶段基本上是适用的，但应用同样的方法来测量高等教育的产出是值得怀疑的"。

高等职业教育是职业教育体系的一部分，具备职业教育的一切属性，如在教育过程中重点培养学生的实践技能，并与企业及劳动力市场联系紧密，单以学业成绩来衡量职业教育的产出，可能会产生偏差。考虑到高等职业教育的特殊属性，加之本书是从专业组织的层面出发来研究生产效率，因此下文主要从教师、课程以及校企合作三方面来分析高等职业教育的投入，并采用就业率来衡量高等职业教育的产出成果。

需要特殊说明的是，目前有关高等职业教育的生产效率的实证研究数量稀少，因此将文献梳理的范围集中于高等职业教育的同时，适当扩充一部分高等教育以及职业教育的文献。

1. 高等职业教育投入

这一部分主要从教师、课程和校企合作三方面进行文献的梳理和总结。

（1）教师

教师的数量和质量问题一直是各阶段教育投入的关键和重点。Hanushek（2005，2010）在文章中多次强调教师对教育生产效率的贡献。在研究中，学者们多用生师比以及教师的受教育程度、工作经验、工资等指标来测量教师的投入。Rumberger 和 Thomas（1993）利用美国 1985～1986 年 404 所高校 22400 名学生的数据，在控制个人特征的条件下，运用多层线性模型研究不同学校资源投入所体现的教育质量与教育产出（学生成绩 GPA 和毕业生工资起薪）之间的关系。其中，研究仅用全职教师占总教师的比重、教师中博士毕业生的比例和生师比来衡量学校的资源投入。结果发现，拥有较高生师比的医疗专业的学生，相较于生师比较低的其他专业的学生而言，毕业后的工资起薪会更高一些；拥有较高的全职教师比重的教育专业的学生，相较于全职教师比重较低的其他专业的学生而言，毕业后的工资起薪会低一些。Rumberger 和 Thomas（1993）对这个结果的解释为，在教育、医疗专业尽管生师比较高、专任教师数量较少，但可能这些老师在帮助学生获取较高的工资起薪方面更有成效。

类似地，Belfield 和 Fielding（2001）对英国 1989~1990 年的 27 所高等教育学校的 8097 名本科学生资料进行分析，构建了学生个人、学科、学校三级多层线性模型后发现，生均学校资源和生师比对学生毕业后的工资有积极的影响。此外，Smith 和 Naylor（2001）指出，高校教师的薪水和生均教学支出对学生的毕业率有显著的正向影响。

在高等职业教育领域，教师的素质与学生成就（outcome）之间关系的研究常常被忽视（Goldrick-Rab，2010），学者们对此关注不多。有个别学者指出，承担了大量教学任务且低收入的兼职教师（part-time adjunct lectures）在美国社区学院的正常运转中发挥了重要作用（Bailey, Jenkins, & Leinbach，2005）。同时，一些研究者认为兼职教师在某些特殊课程的教学上发挥了积极作用，而另外一些研究者则指出兼职教师对于学生的学业完成（persistence）总体上有负面的影响（Bettinger & Long，2006）。

对于本研究而言，在中国的高职院校中，对于教师的素质，更看重其是否具备职业教育所需的生产实践能力。这就要求教师既要有专业理论的教学能力，又要有专业技术的操作能力，政府在一系列文件中都提倡并鼓励教师应具备"双师"素质。Blom 和 Myers（2003）在归纳评估职业教育质量的指标时提到，工厂或企业中的工作经历以及职业资格证书是教师素质的重要测量指标。

（2）课程

在研究职业教育的生产效率的问题时，课程以及教学等问题常常被忽视。很多国家和地区都关注职业教育的质量以及教师的培养，却不关心课程和教学问题，这是无法提高教育质量的。与普通教育（通识教育）相比，职业教育的一大问题就是与时俱进，需要与劳动力市场的人才需求和技能变革保持紧密的联系。自然地，职业教育课程的难题在于，如何将技能的需求转换到课程中，以及如何把不断变化的技能需求整合到课程中（Grubb，2006）。因此，学生实践技能的培养就成为提高职业教育质量的关键环节。这就需要在职业学校的课程体系中合理设置实践课程和理论课程的学时比例，在教学方法方面多注重"工作间"式学习（workplace learning），将课本理论与生产实践有效地连接起来。Barnett 和 Ryan（2005）在对澳大利亚职业教育学校的评估中指出，"工作间"式学习的缺乏已成为澳大利亚职业教育质量进一步提升的障碍之一。而 Ryan（2009）的研究也证实了这一点，他发现约有 40% 的澳大利亚职业教育项目根本没有任何有关"工作间"式学习的课程内容。结合国内职业教育的现实情况，学者们越来越重视实践课程在职业教育课程体系中的比重安排（李海宗，2009：80；马建富，2008：81）。

这方面的定量分析较少，比较典型的是 Dolan 和 Schmidt（1994）对弗吉尼亚 360 所私立高等院校的研究。他们用高校的各种人力和物力资源以及课程设置等要素来衡量高校教育投入，用高校毕业生中具有博士学位（PhD）、硕士学位（MS）、法学博士学位（JD）的校友数量来衡量高校的产出水平，在控制学生特征（例如商贸、工程和教育专业学生所占的比例）的条件下，运用三阶回归模型来分析专业的投入与产出之间的关系。Dolan 和 Schmidt 在研究中将课程因素分解为四项：课程的灵活性、课程的深度（学术课程的强度[①]）、课程的本土化（与当地企业的合作关系）、课程的学术化（传统学术课程的集中化）。实证结果显示，课程的灵活性和课程的深度对高校的产出有显著的积极影响，学校物质设施等资源的投入也对产出有正向影响。

此外，高职院校的课程设置往往受到所在高职院校的制度环境的影响。Gill 和 Leigh（2009）对美国加州 108 所社区学院（community colleges）的数据进行分析，在总职业教育学分、可转换学分（transferable credits）、不可转换学分（nontransferable credits）以及高级职业教育学分（advanced vo-

---

① 这里用学术课程学时与其和实践课程学时之和做比。

cational education credits）等指标的基础上设计出一个混合课程（curriculum mix）指标，经过计量方法的处理后发现，首先，社区学院之间的差异在于其自身所提供的可转换（transfer）的专业课程的程度，或者说是不可转换的专业课程的程度；其次，在控制学生特征、劳动力市场、小区因素等条件下，不同的课程专门化程度反映出这些社区学院不同的使命和需求，这种相关关系尽管不强，但确实存在。

（3）校企合作

校企合作（college-enterprise collaboration）没有一个明确的定义，它一般是指企业为学校提供资金、场地或者人员技术等方面的支持，学校帮助企业培训工人、开发新产品等，在合作中达到共赢。目前，国内的校企合作可以分为三类（非协议式合作、非订单协议式合作、订单协议式合作），合作关系从弱到强（黄景容，2008：267）。

成功的职业教育和培训离不开企业的参与和合作。企业能够为职业教育和培训项目提供劳动力市场中最新的知识技能的需求变化信息，使得职业教育和培训做出及时调整和应对，可以避免培训技能的供给和需求不匹配的问题；企业的参与也可以分担职业教育和培训的成本，促进职业教育的扩大和发展；企业受利润最大化的驱动，能够尽可能地以最有效、最迅速的方式，以最小的成本提供职业技能培训（Middleton，Ziderman，& Adams，1993）。企业在职业教育和培训中所发挥的积极作用也得到了许多学者的支持和认同（Blundell，Dearden，Meghir，& Sianesi，1999；Bartel，2000；Almeida，2008）。

校企合作作为企业参与职业教育的一种重要形式，有效地促进了职业教育的发展。校企合作落实到教学过程，可以体现在专业设置、课程开发、教学计划、教材编写、教案制作、教师结构、教师能力、课堂教学等多个环节（黄景容，2008：268）。

从主要发达国家的实践来看，企业参与职业教育和培训已经被各国认同为培训职业教育人才的有效途径。例如，德国的"双元制"是公认的企业积极参与职业教育成功的典范；英国工商界推行职业技术教育和培训的"技术教育协会"（TEC）和"商业教育协会"（BEC）为英国工商界培养了大批人才；日本的产学研合作模式以及美国的多元合作模式也是企业参与的典型案例。

　　有关校企合作的研究多是对不同地区的发展实践进行案例分析，例如欧盟和澳大利亚的研究报告（Sweet，1995；Matilainen & Courtney，2010），对个人的职业教育收益的关注较少。高职院校与企业的紧密联系可以帮助学生找到更好的工作，更能激励学生在学校中努力表现（Mouw，2003；Rosenbaum，Kariya，Settersten，& Maier，1990）。尽管有一些学者试图研究校企合作对学生职业教育产出的影响，但总的来说，迄今为止在高等职业教育阶段，有关校企合作对学生收益（students outcome）影响的严谨的实证定量分析非常少见。Person 和 Rosenbaum（2006）在这方面做出了较为突出的贡献，他们在 2002～2004 年访谈了 14 所高职院校的 41 位学院负责人有关校企合作的发展现状，并对 14 所高校的 4400 名学生发放了调查问卷。通过分析发现，学生对院校与企业的紧密合作会对学生的收益产生积极影响，学生在校学习会更加努力，且更有信心完成学业；此外，无论是从合作项目的数量还是从合作项目的强度来看，私立学校相比于公办学校更愿意参与校企合作，例如制定与工作场所相关的课程内容、推荐学生在合作企业中求职等。

　　国内的学者（黄景容，2008：263）明确指出，"校企合作是否成功的关键在就业。学校毕业生是否在合作企业就业，这是校企合作的关键环节"。对于企业而言，录用合作过程中的职校学生，可以为企业的发展提供人才支持，增加经济效益，也增进了持续合作的积极性；而对于学校和学生而言，学生实现就业，尤其是在合作企业就业，所用即所学，有利于个人的职业成长和职校的壮大。因此，职校学生的就业率以及在合作企业的就业率在一定程度上反映出校企合作的水平，是否实现企业和学校的"双赢"是高职院校办学品质的"试金石"。

　　这也被国外的一些研究所证实，有调查报告（Metis Associates，Inc.，1999）指出，雇主普遍认为参与了校企合作项目的毕业生相比其他人能够更好地为工作做准备，工作后需要较少的培训，在团队中的工作能力更强。参与了校企合作项目的学生毕业后更容易找到工作，在威斯康星州（Wisconsin）青年学徒项目（Youth Apprenticeship）中，有 70% 的毕业生认为参与该项目使他们获得了更高工资的工作（Center on Education and Work，1999）。

此外，学生的构成或生源的质量是影响职业教育产出的一个因素。贝利（Bailey）等人利用美国中学后教育体系数据（IPEDS）所做的实证研究表明，在控制其他变量的条件下，拥有较高少数族裔比例、较高兼职学生比例和较高女学生比例的社区学院，其学生的毕业率显著较低（Bailey，Calcagno，Jenkins，Leinbach，& Kienzl，2006）。在我国，高等职业院校的生源大部分是参加高考的普通高中的毕业生，还有小部分是"3＋2"中高职衔接或五年一贯制的中职学校学生。普遍而言，相比于普通高中毕业的学生，来自中等职业院校的高职学生在数学、语文等通识学科的基础知识方面落后很多，已成为高职院校教学工作面临的一个挑战。此外，以专业为分析单位研究高等职业教育的生产效率时，不可避免地要考虑专业规模的影响。这与对以院校为单位的生产效率分析时，考虑院校的规模效应原理是一致的。

2. 学生就业

相比于普通教育而言，职业教育的目标在于说明学生做好职业准备，提供与工作相关的知识、技能的学习和训练，与就业和工作直接关联。职业教育对个人在工作上的影响不仅体现在工资收入上，更为基本的是，职业教育和培训可以帮助个人增强技能，在劳动力市场中增加竞争力，有更多的可能性获得工作，可以说就业是个人取得工资收入、开展职业生涯、实现个人价值等获取其他一切成就的前提条件。马建富（2008）提出，在现代工业社会，职业教育能使人掌握某一特定的行业或某类职业中从业所需的实用技能和技巧、专门知识和技术，获得就业准入资格，在社会生活中立足——职业教育首先满足了个体的这种基于生存目的的需要，是职业教育就业功能的体现。因此，用学生的就业来衡量职业教育的成果（outcome）合乎职业教育的理论和实践，具有现实意义。中国的教育主管部门在全国范围内选用学生的平均就业率作为标准来考核高职院校专业的招生计划（批准或缩减额度等），[①] 为上述论断提供了实践依据。

---

① 对初次就业率低于本省平均数的专业减少招生计划，对连续三年初次就业率达不到本省平均数一半的专业暂停招生。加大高等职业学校毕业生就业率在招生计划安排时的影响权重，对连续三年就业率较低省份，在安排年度招生计划时给予一定限制（《教育部关于推进高等职业教育改革与发展的若干意见（征求意见稿）》，2010）。

　　比较典型的有关就业的实证研究有以下几个，Breen（1991）对爱尔兰的资料进行分析发现，政府的职业培训项目对个人未来的就业能力有积极的影响。培训项目可以帮助个人在短时间内增加就业可能性，尤其是在培训刚刚结束的时候，但这一效用在一年以后就变得不再明显了。Torp（1994）分析了不同期限的教育培训项目对个人就业的不同影响。Trop 利用 1989 年挪威的一项失业者培训项目的统计资料，对比那些未参加培训的失业者来估计培训的效用，发现培训确实能够增加失业者的就业可能性。其中那些短期课程（5~10 周）和长期课程（超出 30 周）对提高个人就业机会的影响超过了中期课程（20 周）。

　　有学者批评职业教育失败的一大问题就是，相当多的职业院校学生毕业后所从事的工作与其在学校所学的内容无关，造成教育资源的浪费（Foster，1965；Fuller，1976；Psacharopoulos，1987）。对口就业① （matched employment） 的比例是影响就业效应的主要因素之一。因为相比于普通教育，职业教育更具有工作导向性，对口就业（学以致用）带给个人的收益会高过那些非对口就业（学非所用）的个人收益，对个人对工作的满意度也有显著的正面影响，进而影响个人的职业流动和职业成长等，这些已被众多学者的实证研究所证实（Rumberger & Daymont，1982；Chung，1990；岳昌君，2009a）。因此，对口就业的比例不仅可以衡量出职业教育的质量，还可以检验职业教育的就业效应（Grubb，2006：34）。

　　Grubb（1997）利用美国 1984~1990 年的 SIPP（Survey of Income and Program Participation） 资料，对副学士（associate degree）、预科（sub-baccalaureate credentials） 和证书课程（certificates） 的毕业生的对口率进行了研究。结果显示，这些接受职业课程的学生中，约有 60% 的学生是对口就业；在副学士中，男性对口就业率低于 60%，而女性则高出这个比值，这可能是女性多就业于商务和医疗领域的缘故；对于没有资格证书的个体而言，拥有更多中学后教育的男性更容易对口就业；拥有较多资格证书的个人相比拥有资格证书较少者而言，对口就业的比例更高；商务和医疗专业相比

---

① 对口就业即所接受的教育与工作内容相一致，或者说工作内容与所学专业领域的横向匹配（match）。

其他专业，对口就业的比例更高。从以上的结果可知，专业、课程类型、拥有资格证书的数量、受教育程度以及性别等因素都会影响个体对口就业的比例。此外，Gurbb（1996）指出，社区学院都有一套把职业教育项目与雇主连接在一起的运行机制，尽管这些运行机制通常很脆弱，他仍然建议教育机构和政策制定者要重视职业教育与雇主的联系，并尽力帮助学生实现对口就业。

专门针对高职学生就业率的国内研究非常少见。有学者（陈良焜、杨钋，2010）利用 2008 年麦可思公司对高职毕业生的网上调查数据，采用多元回归模型，在控制个人特征、家庭背景、实习及求职努力程度等条件后发现，个别专业相比其他专业的就业率存在明显差异，从事与专业有关的实习对就业率有显著的正向影响，并且不同省份的高职毕业生的就业率也明显不同。

3. 院校特征及地区差异的影响

（1）高等职业教育生产的院校特征影响

教育生产函数研究的本质是将不同规模的资源组合与同质单位的成功相比较，一个重要的前提假定就是学校行为与私有企业一样，都遵从"产出最大化"的策略，也即"成本最小化"。但在高等教育阶段，因公办和私立的高校性质不同，"成本最小化"原则的适用性受到质疑。例如，关于科层组织经济理论和学校管理行为的研究指出，由于学校教育质量主要是用人力和财力的投入来衡量的，教育系统似乎更倾向于使成本最大化（Barnett，1994）。即使在私立高校内，也并不一定遵从成本最小化的策略（Dolan & Schmidt，1994）。因此，在研究高职院校的生产效率问题时，应慎重考虑院校自身的制度特征（如公办、私立）对教育投入（inputs）－产出（outputs）分析路径的不同影响。

公共选择理论为教育生产效率的分析提供了另外一种分析框架：区别于私立机构，公共组织中的管理者缺乏产权和利润的驱动，影响了组织的效率追求；公共组织依靠公共财政预算供养，该收入结构决定了其与消费者的个体满意无关（Boyd & Hartman，1988）。从这个理论出发，公办学校看似不合理的生产效率水平得到了解释。尽管公办学校不能通过利润分割获得工资的增长，但公立教育系统的人员会寻找其他方面的最大化利益，比如预算规模、管辖范围、声誉水平等（Rolle，2004）。

　　Bailey 和 Morest（2006：94－97）发现很少有实证研究探讨公办和私立两类高职院校的差异。Bailey 总结了两份比较典型的基于访谈和文献的有关两类院校差异的调查报告（Bailey，Badwa，& Gumport，2001；Deil-Amen & Rosenbaum，2004）后指出：①两类学校最大的区别就是各自的目标和使命不同，私立学校的使命相比于公办的社区学院范围更窄，它旨在在有限的技术领域内为学生提供职业准备，这只是社区学院众多使命的一个目标；②私立学校的课程更加集中化（centralized），而社区学院的院系要对所开办的项目和课程发展负责；③在教学和技能训练以及学术课程方面，私立学校更多地运用实验室，并且更愿意把学术课程同实践课程相结合运用到实践生产中，地方分权导致各地公办学校差异明显；④在某些领域内，私立学校积极提供极具针对性的为企业所认可的符合需求的职业训练，最大限度地促进学生就业，而公办的社区学院则致力于利用自身的声誉加强与企业的合作。这些因素都导致私立学校的学生拥有较高的毕业率和就业率，正如私立学校公开的数据显示，在一些职业教育项目内学生毕业后 6 个月内的对口就业率高达 99%。这也与另外两份实证研究的结论基本一致，在控制学生背景等条件下，私立高职学校相比于公办学校会对学生的成果（毕业率和就业率）产生显著的积极影响（Pascarella & Terenzini，1991；Ryan，2004）。

　　此外，由于不同类型的高等职业教育机构所面临的外部环境（政治）不同，可获得的资源和支持也不尽相同，所以高等职业教育的质量因机构的类型而呈现分化，影响毕业生在劳动力市场的表现。Pascarella 和 Terenzini（2005）总结了大量 20 世纪 90 年代有关校际（between-college）差异影响学生职业发展和经济回报的研究后指出，在诸如医学、法学领域排名靠前的重点高校（selective college）就读的学生，其毕业后的职业成就显著升高；重点高校对于学生职业成就的积极影响主要体现在排名处于中游的高校，对于排名最前的高校而言，这种提升作用较小；二人认为重点高校的"标签"代表着一种对知识技能以及与工作表现紧密相关的一些特质的掌握，发挥着一种"信号"功能。因此，尽管还不知道这些学校特征是如何内化为学生个人的经验和特质的，但学生在劳动力市场的表现在重点学校与非重点学校之间的显著差异确实存在。

Bailey 等（2006）利用美国教育统计中心（National Center of Education Statistics）的中学后教育综合资料（Integrated Postsecondary Education Data System），发现 915 所不同类型的公办社区学院的学生毕业率（graduation rate）存在显著的院校差异。其中，院校的地理位置（location）（城市/郊区）与学生的毕业率强烈相关；证书课程学校（certificate degree oriented college）比技术学院（technical college）拥有更高的毕业率。Bailey 等人认为，一州的政治、经济、社会等环境会对社区学院的绩效表现产生强烈影响，进而体现为院校间差异的一个重要方面，应对此进行州际的进一步详细探讨。

（2）地区影响下的高等职业教育就业

高等职业教育设立和服务遵从地域性的特征，要求分析高等职业教育生产效率问题时应关注各地之间的差异之处。高等职业教育一般由地方或行业主办，主要面向地区经济和行业需要，服务区域面比较明确，因此对高等职业院校而言，在人才培养模式及专业方向的选择上，更应充分考虑地方经济对人才培养的需求（李海宗，2009：165）。另外，最新的调查报告显示，2011 届全国高职毕业生中，有 35% 在院校所在市就业，68% 在院校所在省（含本市）就业。这两项比例连续三届高于本科生，高等职业教育为学校所在地贡献较多的人才，为当地经济和文化发展提供了重要的人力资源支持。

高等职业教育通过提升劳动者的专业技能来促进就业，同时促进了企业劳动生产率的提升，进而推动地区产业和经济的发展，创造更多的国民财富。英国的一份研究表明，在 1971～1992 年，劳动人口中拥有高级资格证书的比例每增加 1%，就会带动年产值 0.42%～0.63% 的增长（Jenkins，1995）。职业教育对地区经济的发展有促进作用，反过来，地区的经济发展阶段也对职业教育产生一定的影响。Grubb（2006：35）认为，职业教育往往需要在经济领域某些特定的环境中运行——特定的部门和行业，有时是在特定的地区内运行。

Psacharopoulos（1987）早就指出，技术发展阶段和经济水平不同，对教育的需求也不相同。换句话说，一个国家或者地区所处的经济发展阶段不同，面临的具体问题与挑战不同，对劳动力的教育和培训的要求也就呈现不同的特点。笔者总结了亚洲发展银行（Asian Development Bank，2004）提出的"经济发展阶段与其相应的教育和培训的需求"理论，归纳如下（见表3-2）。

表3-2　不同的经济发展阶段及对职业教育的需求

发展阶段	以第一产业为主导的要素驱动型增长	以第二产业为主导的投资驱动型增长	以第三产业为主导的创新型增长
主要的经济活动	自然资源的开发与利用，通过劳动密集型的生产活动制造低增值的产品，其竞争力主要来源于低工资和低生产成本导致的价格优势	制造业出口和外包服务出口活动，生产高增值的商品和服务，其竞争力主要来源于生产标准化产品的效率和技术进步带来的高质量	在知识经济的大背景下不断提高技术创新，生产出处于全球技术前沿的创新产品和服务，形成技术创新的自我生成
所需技能	较低水平的技能	对简单劳动力、低水平技能的工人和手工业者的需求相应减少；对高水平的技能需求的增长	竞争力与高社会学习比率（特别是对理科的学习）和快速转向新技术的能力
对职业教育的需求	普及基础教育、发展低水平的职业技能以及培训服从纪律的工作习惯	普及中等教育，深化职业技术教育，特别是中学后的技术人员的水平，并通过终身学习来不断提高劳动者的技能，扩充技能发展的范围如团队合作、交流沟通、解决问题等	发达的高等教育，特别是工程学方向，普通教育中高比重的自然科学学习，以及将高等教育和创新企业连接起来的强有力的研发部门

需要注意的是，对职业教育与培训的需求和经济发展的关系可能并不是线性的。通常，对职业教育和培训的需求主要发生在工业发展社会中，这是因为社会工业结构的多样化和快速发展能够提供很多就业岗位。而当经济从依赖于农业和制造业部门转向依赖于服务业部门时，对职业教育的需求有可能是下降的。对东亚国家的一项研究发现（Mundle，1998），职业教育的在校生数一直很庞大，直到人均GNP超过8000美元的门槛，之后职业教育在高中阶段的比重就会下降。因此，在讨论职业教育的生产效率时，应在地区经济发展不均衡的背景之外，考虑各地产业结构的不同特点。

依据古典经济学理论配第-克拉克定理，不同产业间相对收入的差异，会促使劳动力向能够获得更高收入的部门移动，随着人均国民收入水平的提高，劳动力首先由第一产业向第二产业移动；当人均国民收入水平进一步提高时，劳动力便向第三产业移动。结果，劳动力在产业间的分布呈现第一产业人数持续减少、第三产业人数持续增加的格局。因此产业结构的演进会要求劳动力在不同的行业或产业内进行流动，并要求劳动力的技术结构适应新的产业结构。简单而言，就是产业结构的变化导致劳动力人口就业结构的变化。不同的产业结构水平会要求不同的劳动力人口就业结构与之相适应。

闵维方和蒋承（2012）在对典型发达国家工业化进程的历史研究的基础上指出，高等教育和产业发展之间是一种引领与适应的双重关系。具体而言，高等教育快速发展的短期结果是，一方面加速了科技创新的步伐，创造和引领了新产业；另一方面为社会提供了大量的毕业生，结构性失业凸显，需要与传统产业的调整协调起来，人才培养与产业结构调整需相互适应。笔者赞同这一观点，该理论适用于高等职业教育，高等职业教育的健康发展会积极促进产业结构的优化和升级，同时高等职业教育也要适应当地产业结构变动对其人才需求结构和学生就业的影响。

（三）文献总结

从以上的文献梳理不难得出以下结论。

一定数量的教育投入有利于教育产出水平的提高，是教育质量得以保障的必要条件。从现有的文献和各国的高等职业教育实践来看，教师，尤其是专任教师的队伍建设和实践课程的设置以及学校与企业合作的广度与深度都直接影响着高职学生的培养质量，并影响学生在劳动力市场上的就业状况，尤其是对口就业的比例。依据公共选择理论，公办高职院校从预算最大化出发，结果往往导致效率的损失；而私立的高职学校在市场的调节下，定位准确，反应快速，优势明显。相比于普通院校，重点院校在对学生就业率的影响方面多发挥一种传递优质教育和培训水平的信号功能。地区的经济发展水平不同以及产业结构不同，对工人的职业技能需求也相应不同，对本地的高等职业教育学生就业的影响也存在一定的差异。总之，在专业的微观层面，高等职业教育的投入与产出的真正关系如何，院校的特征及地区的经济产业环境又是如何影响高职院校的生产效率的，这一切都缺乏科学的实证研究，尚未有明确定论，亟待进一步的研究。

在前文涉及的这些研究中，一个很大的问题是资料大多是学区或者州一级层面的学校合并数据，而不是学校或者班级层面的数据（Card & Krueger，1996b），很有可能因合并缺失的变量而产生偏差（aggregation bias）（Hanushek，1997）。因此，在学校乃至班级的微观层面上对资源分配的数据进行分析来测定学校的效率水平是极为必要的，可以填补这方面的缺失，帮助人们真正了解微观层面教育投入和教育产出的关系。

在此基础上，笔者构建了高职专业生产效率的分析框架。首先，在专业内部，在控制其他因素的条件下，从教育投入－产出的生产路径出发，研究高职院校的三大关键投入要素（教师、课程、校企合作）是如何有效地促进高职学生的就业（一般就业率及在对口企业中的就业比例）的。具体而言，在教师方面，主要关注高职院校教师的素质问题，专任教师占总教师数的比重，专任教师中硕士以上学历教师的比重，专任教师中"双师型"教师的比重；在课程方面，关注实践课程（包括实践＋理论课程，纯实践课）在总课时中所占的比重，课堂所使用教材的版本时间，以及专业课程中获得省级以上精品课程的比重；在校企合作方面，则关注合作企业的个数、企业和学校共同合作开发的课程总数、合作出版的教材总数以及企业为学校提供的兼任教师数，尤为重要的是顶岗实习的学生数在毕业生中所占的比例，这些都反映出校企合作中企业对学校支持的深度和强度；而在就业产出方面，则主要是用 2009 年毕业生在 9 月 1 日的就业率，以及毕业生被顶岗实习的企业录用的比例来衡量就业的质量和成效。专业层面的其他控制变量包括该专业学生入学时的质量（用生源结构中高中起点的学生比例来衡量），该专业的规模（用专业在校生数的对数来衡量），以及该专业的声誉（用招生的实际报到率来衡量）。

其次，可以结合公共选择理论和政治经济学方面的相关理论分别来探讨不同性质的高职院校（公办院校和私立院校）、不同等级的学校（重点示范院校和普通非示范院校）在专业生产效率方面的差异。最后，从劳动力需求的角度，沿着产业结构演化的脉络分析地区的经济发展水平和产业结构对当地高职专业学生就业率的影响，也即用各省人均 GDP 水平和三次产业比重等指标来探讨地区经济、产业结构的背景差异在高职专业的生产效率上所体现的分化。

研究中面临的一些困难和局限如下。从已有的文献来看，有关高等职业院校生产效率的实证研究，尤其是关于三大投入要素对教育产出的影响，数量非常稀少，且多半是案例研究。如何用定性研究（案例研究）的投入要素构建合理的量化指标，是本研究面临的一个难题；相比于国外的研究，国内对高等职业教育的研究才刚起步，尤其是专业生产效率方面，基本上是空白，这可能是高职院校层面的数据很难获得的缘故，更不要谈以高职专业为单位进行分析，因此本研究有关理论框架以及研究模型的构建都处于不断的探索之中；在教育生产效率的分析单位为教育组织如院校、专业时，学生的努力程度和家庭背景因素对教育产出差异的贡献率相应变小（Dolan & Schmidt, 1994），基于此以及数据自身的原因，本研究忽略了学生个体投入和家庭背景对学生就业的影响。

三　数据、变量和研究方法

（一）数据结构和样本选择

1. 数据结构

本研究所采用的资料主要来源于中国教育部2009年"高等职业院校人才培养工作状态数据采集平台"（以下简称"高职数据平台"），另有一部分各省宏观经济数据来自2010年《中国统计年鉴》。"高职数据平台"是在2008年教育部开展全国高职高专院校人才培养评估工作的背景下开始运行，投入大批资金建成的全国性的数据统计汇总的网络平台。"高职数据平台"的数据是全国各高职院校向上级教育主管部门逐级汇总而成，最终由教育部统一汇总建成全国数据，每年上报的截止时间为当年的10月31日。数据采集以学年为统计时段，例如2009年的资料即从2008年9月1日至2009年8月31日。

该数据平台主要包括高职院校的"基本信息"、"院校领导"、"基本办学条件"、"实践教学条件"、"办学经费"、"师资队伍"、"专业"、"教学管理与教学研究"、"社会评价"和"状态资料汇总"10大类。每一个大类下又分若干子类，例如，"专业"大类下，包括高职院校的专业设置基本信息、专业所开设的课程、顶岗实习、校企合作与就业等信息。各项数据原则上由各地的高等职业院校负责组织填写；其中"基本信息""基本办学条件"等类别中，与教育部事业发展统计相同的指标，必须使用教育事业发展统计公报中对外发布的同时间段的相关数据；各高职院校需对所填报数据的原始性和真实性负责。此外，中央、各省份教育主管部门每年定期举办培训班为省内各高职院校负责上报信息的老师举办"高职数据平台"使用培训和各种讲座活动，以此推进"高职数据平台"的进一步完善和精确化。可以说本研究的数据来源权威，可信度较高。

本研究中有关高职院校和专业方面的信息绝大部分来源于 2009 年的"高职数据平台"数据，个别缺失值信息来自 2010 年的"高职数据平台"数据。简单来说，从"高职数据平台"中的"基本信息"大类中提取了全国各高职院校的基本信息，从"专业"大类下提取了有关专业的基本信息、课程和校企合作等数据，从"师资队伍"大类下提取了专业的相关教师信息。

经初步整理后发现，2009 年的"高职数据平台"数据覆盖了全国 1186 所高职院校，占 2009 年全国高职院校总数（1215 所）的 97.6%，有在校生约 664.6 万人，占 2009 年官方公布的全国高职（专科）在校生总数（约 964.8 万人）的 68.9%。① 可以说，该"高职数据平台"的数据信息较为全面而准确地呈现了全国高职院校的最新发展概况。

在这些数据信息的基础上，本研究构建了以高职院校内的专业类为基本单位的数据库，涉及专业类的相关教师、课程与校企合作及就业等信息。以图 3-1 为例，"高职数据平台"中的资料呈现了院校、专业两个层次的信息，可以直接观察到的数据是院校层面（××高职院校）和专业层面（××专业）的内容。本研究依据 2004 年的《高职专业目录》将原始的专业层面的数据按照专业类进行分类汇总，例如对于江西赣州职业技术学院而言，把同属于"机械设计制造类"的"数控技术"和"模具设计与制造"等专业按照毕业生数、就业数、总课程数目等变量进行分类汇总，② 并

---

① 此处，"高职数据平台"中的在校生数是以教育机构（高职院校）为统计口径；而官方公布的全国高职（专科）在校生数是以高职课程为统计口径，并不局限于高职院校的在校生。

② 需要明确的是，在一个学校范围内，凡属于同一种专业类的所有专业进行合并，合并后一个学校内某一种专业类最多出现一次。

以此作为一个基本的分析单位，于是建立起一个全国性的高职专业类层面的数据库。

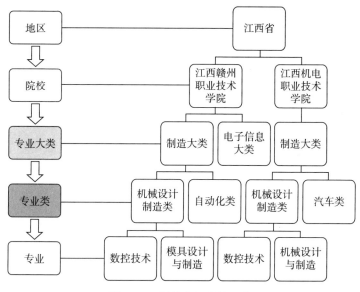

图 3-1 原始数据结构示意

具体操作上，笔者依据专业的代码（6 位）将从属于同一专业类（4 位代码）的观测值按不同的变量汇总合并。第一，从"高职数据平台"的"专业"大类下的"专业设置"子类中提取了 78 个专业类的基本信息（在校生数、招生数等）；第二，从"专业"大类下的"开设课程""产学合作""顶岗实习与录用"等子类中分别提取了 78 个专业类的课程和校企合作等数据；第三，将前面两步中所获得的数据信息依照"××学校××专业类"方式进行编码，将这两部分信息先合并到一起；第四，利用"开设课程"中所提供的教师的教工号到"师资队伍"大类下提取该学校同一教工号的相关教师信息，由于数据量规模过于庞大，为简化研究，只对专任教师的相关信息进行了搜集，而且这两部分数据组织方式和样本总量并不一致，只得到了一部分专任教师的信息；第五，从"高职数据平台"的"基本信息"大类中提取了全国各高职院校的基本信息，并依据院校编码与各专业观测值一一对应添加。总之，经过一系列的统计汇总归纳，本研究建立起了一套包含专业信息、课程、教师和校企合作以及院校等信息在内的数据库。

2. 样本选择

不同的专业类之间（尤其是不同产业的专业类间）在实践课程、校企合作等人才培养模式方面存在很大差异，因此本研究从 78 个专业类之中选取典型的专业类作为研究对象来分析。本书选取了制造大类中的机械设计制造类、自动化类、机电设备类和汽车类四个样本专业类进行分析。主要是因为制造业是第二产业的典型代表产业，是中国国民经济体系中不可或缺的支柱型产业。制造业的发展水平在一定程度上可以代表中国的工业化水平，且制造业对工人实践技能的要求较高，与职业教育的联系紧密。此外，制造大类专业的自身特征和样本数据都足以支持本研究。隶属制造大类的机械设计制造、自动化、机电设备和汽车四个专业类在师资队伍建设、课程开发和实训实习等专业建设方面有很高的共通性和相似性，可以视作一类进行分析。后文（见本章第四部分）对这四个专业类的毕业生就业率进行了方差分析，发现四类之间组间差异不显著，因此可以把这四个专业类看作一个样本总体分析其生产效率。

在已选取的四种样本专业类中，剔除就业信息、课程和教师信息完全缺失的样本后，2009 年全国共有 1226 个样本专业类。其中，机械设计制造类 421 个（占总体的 34.3%），自动化类 436 个（占总体的 35.6%），机电设备类 87 个（占总体的 7.1%），汽车类 282 个（占总体的 23.0%）（见表 3 - 3）。

表 3 - 3　四种样本专业类的频率分布

单位：个，%

专业类	频数	占比
机械设计制造类	421	34.3
自动化类	436	35.6
机电设备类	87	7.1
汽车类	282	23.0
合计	1226	100

在这 1226 个样本中，有 462 个开设在省级/国家示范院校①中，占到样本总体的 37.7%；764 个开设在非示范院校也即普通院校中，占总体的 62.3%（见表 3－4）。从举办性质②来看，有 86% 的样本分布在公办院校中，14% 的样本分布在民办院校中，可见制造大类的专业绝大多数依赖公办院校开办。更进一步，在 462 所省级/国家示范院校中，只有 13 所是民办院校，不到示范院校总数的 3%，另外的 97.2% 都是公办院校，这一比例充分说明了中央以及地方政府对公办高职院校的政策倾斜和大力扶持。

表 3－4　样本专业类的院校特征

单位：所，%

		合计	民办院校	公办院校
非示范院校	样本量	764	159	605
	占比	62.3	20.8	79.2
省级/国家示范院校	样本量	462	13	449
	占比	37.7	2.8	97.2
合计	总样本量	1226	172	1054
	占比	100	14	86

从地区分布来看，1226 个样本不均匀地分布在全国 28 个省（自治区、直辖市）之中。具体而言（见图 3－2），青海、西藏各只有一个制造大类的专业类，海南次之（2 个），而江苏（120 个）、山东（114 个）和湖南（90 个）则是分布最多的三个省。全国平均而言，每省约有 44 个制造大类的专业类分布，标准差约为 31，分布并不均衡。

（二）变量说明和数据基本特征

1. 初始自变量及说明

在本研究中，涉及的自变量主要分为教师、课程与校企合作三部分，

---

① 其中国家级是指中央财政支持的"国家示范性高等职业院校建设计划"的建设或培育单位；省级是省级财政支持的"省级示范性高等职业院校建设计划"的建设或培育单位。

② 从高职院校的举办方（中央部门/地方教育部门/地方非教育部门/民办）来判断是公办还是民办，前三项属于公办；民办是指企事业组织、社会团体及其他社会组织和公民个人。

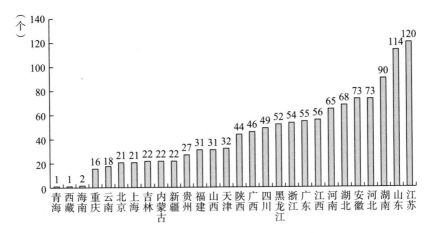

图 3-2 样本专业类在各省之间的分布

这些变量基本上都是从"高职数据平台"中提取经过初步汇总后得到的。在本部分中，以制造大类的研究来举例说明，2009 年全国制造大类的专业类平均开设课程 121 门，所开设的课程中平均有校内专任教师 96 名，校内兼课人员 6 名，校外兼职教师 12 名以及校外兼课教师 7 名；平均而言，所能获取到实际教师信息的专任教师（加总）64 名，其中拥有硕士学历的教师 13 名，本科学历 47 名，专科及以下学历 4 名，平均每个专业类有 16 名"双师型"教师；平均每个制造大类的专业类有校企合作单位 5 个，开发课程 2 门。需注意的是，表 3-5 中涉及的教师信息都是专业类所开设课程中的校内专任教师的有关信息，以此来代表高职专业的总体师资状况。

表 3-5 初始变量的基本统计

	初始变量名称	样本量	均值	标准差	最小值	最大值
	总课程数目	1226	121	129	1	1234
	校内专任教师数	1226	96	105	1	985
课程信息	校内兼课人员数	1226	6	10	0	99
	校外兼职教师数	1226	12	23	0	404
	校外兼课教师数	1226	7	11	0	122
	纯理论课（A 类）数目	1226	33	40	0	454
	理论＋实践课（B 类）数目	1226	50	47	0	396

续表

初始变量名称	样本量	均值	标准差	最小值	最大值
课程信息 纯实践课（C类）数目	1226	36	60	0	536
校企合作开发课程数目	1226	12	27	0	448
国家级精品课程数目	1226	1	3	0	44
省级精品课程数目	1226	2	8	0	127
校级精品课程数目	1226	9	15	0	184
非精品课程数目	1226	108	115	1	1051
教材版本2年内数目	1226	29	41	0	503
教材版本3到5年数目	1226	50	62	0	675
教材版本5年之前数目	1226	41	52	0	746
专任教师信息 专任教师加总数	1226	64	84	1	820
博士学历教师数	1226	0	2	0	26
硕士学历教师数	1226	13	20	0	183
本科学历教师数	1226	47	63	0	703
专科及以下学历教师数	1226	4	11	0	211
"双师型"教师数	1226	16	27	0	217
校企合作信息 校企合作单位个数	1226	5	7	0	102
年共同开发课程数	1226	2	4	0	36
年共同开发教材数	1226	1	3	0	32
年支持学校兼职教师数	1226	5	13	0	174
年接受顶岗实习学生数	1171	95	199	0	3280
年接受毕业生就业数	1171	41	81	0	947
专业基本信息 2009年专业在校生数	1223	679	653	8	4961
2009年专业实际录取数	1213	264	239	0	1805
2009年专业实际报到数	1214	236	221	0	1727
新生中普通高中起点学生数	1214	211	211	0	3162

注：1. 专任教师加总数是某一专业全部课程中的专任教师数目的一部分，该部分教师可以在2009年"高职数据平台"中找到基本的教师信息；2. 校企合作信息的6个变量以及2009年专业在校生数是修正后的资料，鉴于2009年该部分数据缺失，用2010年的"高职数据平台"中的相关数据对2009年的缺失值进行了对应补充；3. "校企合作开发课程数目"与"年共同开发课程数"数据来源不同，前者来自专业的"开设课程"部分统计，后者来自专业的"校企合作"部分统计。

相关变量的说明如下：

◇校内专任教师：是指具有教师资格，专门从事教学工作的人员，可包括正式签约聘用的非在编的全职教师。

◇校内兼课人员：指满足高校教师条件和教学要求，承担教学任务的在编、正式签约聘用合同的非专任教师人员和退休返聘教师。

◇校外兼职教师：专指聘请来校授课的一线管理、技术人员和能工巧匠。

◇校外兼课教师：聘请来兼课的教师。

◇"双师型"教师："双师型"教师是指具有教师资格，又具有下列条件之一的校内专任教师和校内兼课人员：①具有本专业中级（或以上）技术职称及职业资格（含持有行业特许的资格证书及具有专业资格或专业技能考评员资格者），并在近五年主持（或主要参与）过校内实践教学设施建设或提升技术水准的设计安装工作，使用效果好，在省内同类院校中居先进水平；②近五年中有两年以上（可累积计算）在企业第一线本专业实际工作经历，能全面指导学生专业实践实训活动；③近五年主持（或主要参与）过应用技术研究，成果已被企业使用，效益良好。

◇精品课程：为提高高校教学质量和人才培养质量，2003 年教育部下发《关于启动高等学校教学质量与教学改革工程精品课程建设工作的通知》，计划用五年时间（2003~2007 年）建设 1500 门国家级精品课程，利用现代化的教育信息技术手段将精品课程的相关内容上网并免费开放，以实现优质教学资源共享。国家精品课程建设采用学校先行建设，省、自治区、直辖市择优推荐，教育部组织评审，授予荣誉称号，后补助建设经费的方式进行。此处，精品课程分为国家级、省级、校级三个等级。

2. 建立二级自变量指标

为减少自变量个数和降低回归模型中出现多重共线性的可能性，本研究对校企合作的多个变量进行因子分析（Factor Analysis）。首先采用 KMO

检验和 Bartlett's 球形检验对校企合作变量进行检验。KMO 检验用于研究变量之间的偏相关性，一般 KMO 统计量大于 0.9 效果最佳，0.7 以上可以接受，此处 KMO 值为 0.705 是可以接受的。而 Bartlett's 球形检验统计量的显著性水平如果小于 0.01，则可以否定相关矩阵为单位阵的零假设，也即认为各变量之间存在显著的相关性（杜强、贾丽艳，2009：279）。此处 Bartlett's 球形检验统计量的显著性水平为 0，说明这 4 个校企合作的变量之间显著相关。以上两个检验的结果均表明校企合作单位个数、年共同开发课程数、年共同开发教材数以及年支持学校兼职教师数这 4 个变量之间显著相关，印证了做因子分析的必要性。

依据验证性因子分析（Confirmatory Factor Analysis）原理，采用主成分法（Principal Components）、方差最大旋转（Varimax）方法、Anderson-Rubin 的因子得分系数方法，保证估计的因子正交，使得因子得分的均值为 0，标准差为 1。得到的因子载荷矩阵见表 3–6。经过统计软件处理后，发现从这 4 个变量中提取出 1 个公因子，公因子的累积方差贡献率为 62.08%。这 4 个变量主要反映出企业对高职院校课程、教材和师资的支持力度，因此笔者将这个公因子定义为"企业支持因子"。

表 3–6　企业支持因子的载荷矩阵

变量	载荷
年共同开发教材数	0.871
年共同开发课程数	0.856
年支持学校兼职教师数	0.764
校企合作单位个数	0.639

对该因子做信度检验，得到 Cronbach's Alpha 值为 0.651。Cronbach's Alpha 值越大说明该因子可信度越高，通常来说，该值大于 0.7 是比较理想的，此处得到的公因子的 Cronbach's Alpha 值比较接近 0.7，还可以接受。

同时，在表 3–5 初始变量的基础上，通过下面的比例公式，建立了一系列教师和课程的二级变量指标（见表 3–7），也即建立了专业层面反映教师、课程与校企合作等投入的比例指标。

◇专任教师比例＝校内专任教师数/总课程数目。

◇实践课比例＝（理论＋实践课＋纯实践课）/总课程数目。

◇精品课程比例＝（国家级精品课程数目＋省级精品课程数目＋校级精品课程数目）/总课程数目。

◇校企合作课程比例＝校企合作开发课程数目/总课程数目。

◇新教材比例＝（教材版本 2 年内数目＋教材版本 3 到 5 年数目）/总课程数目。

◇专任硕士后学历比例＝（博士学历教师数＋硕士学历教师数）/专任教师加总数。

◇专任"双师型"教师比例＝"双师型"教师数/专任教师加总数。

◇顶岗实习占毕业生比例＝年接受顶岗实习学生数/9 月 1 日毕业生数。

◇新生报到率＝2009 年专业实际报到数/2009 年专业实际录取数。

◇新生高中起点比例＝新生中普通高中起点学生数/2009 年专业实际报到数。

◇专业规模＝Ln（2009 年专业在校生数）。

本研究还建立了新生报到率、新生高中起点比例和专业规模三个指标来衡量样本专业的声誉、生源质量和规模，以此作为专业的控制变量。在本研究中，高职新生来源主要有 3 个渠道：普通高中学校、中等职业学校以及其他（成人高考、退伍军人等）。从表 3 - 5 中可以看出，对于 1214 个样本来说，2009 年专业实际报到数为 236 人，而这其中平均来自普通高中学校的有 211 人，还有 25 人来自中等职业学校和其他途径。平均水平上，样本专业新生高中起点比例为 89.4%，也即 2009 年报到的新生中，全国制造大类专业教育中平均而言，有 89.4% 的新生来自普通高中。于是可知，新生中中职起点学生的比例不足 10.6%。二者相差过于悬殊。结合中国职业教育的现实可知，进入职业学校的往往是那些学业成绩较差、学习失败的学生。通常而言，普通高中的学生和中等职业教育的学生在通识教育等普通基础知识方面差异较大，因此，将新生高中起点比例视作学生学习质量的一个指标是有一定道理的。此外，通过均值比较发现，新生高中起点比例这一指标在不同等级的高职院校间存在显著的差异，因此将其视作衡量学生质量的一个指标是有数据支撑的。一个理想的衡量专业生源质量的指标是进入高职院校所需的全国普通高考的成绩，全国高考成绩是比较权威的，可信度高，且具有一致可比性。但限于数据可得的原因，用新生高中起点比例来衡量生源质量也可以在某些组间（示范院校和非示范院校）的比较中获得一些有价值的启示。

表 3 - 7　二级变量基本统计

制造大类	样本量	均值	标准差	最小值	最大值
专任教师比例	1226	0.79	0.15	0.08	1.00
实践课比例	1226	0.69	0.19	0.00	1.00
精品课程比例	1226	0.09	0.09	0.00	0.69
校企合作课程比例	1226	0.08	0.12	0.00	0.88
新教材比例	1226	0.64	0.21	0.00	1.00
专任硕士后学历比例**	1226	0.19	0.21	0.00	1.00
专任"双师型"教师比例**	1226	0.26	0.27	0.00	1.00
顶岗实习占毕业生比例	1138	0.56	0.35	0.00	1.00
企业支持因子	1226	0	1	- 0.60	8.25
新生报到率	1166	0.88	0.15	0.00	1.71
新生高中起点比例	1163	0.93	0.36	0.00	6.05
专业规模	1223	6.11	0.97	2.08	8.51
一般就业率	1140	0.92	0.10	0.11	1.00
实习对口就业率	1099	0.58	0.32	0.00	1.00

注：1. 顶岗实习占毕业生比例鉴于 2009 年数据缺失值较多，采取了与修正一般就业率指标同样的处理方法，用 2010 年的"高职数据平台"中的相关数据进行了修正；2. ** 所代表的均为校内专任教师的信息。

3. 因变量说明

在介绍变量指标和数据处理过程之前，有必要对本研究选取的高职专业教育产出指标——就业率（一般就业率和实习对口就业率）进行分析和说明。

与普通教育产出最大的不同在于，职业教育的培养目标与劳动力市场的关联直接、紧密。职业教育的宗旨即在于为学生做好职业准备，提供与工作相关的知识、技能的学习和训练，与就业和工作直接关联。职业教育和培训可以帮助个人增强技能，在劳动力市场中增加竞争力，有更多的可能性获得工作，可以说就业是个人取得工资收入、开展职业生涯、实现个人价值等获取其他一切成就的前提条件。大量的研究表明，学业成绩好的中学后教育阶段的毕业生并不会比学业成绩差的毕业生在劳动力市场上获得更好的工作、更高的工资，这也意味着雇主并没有特别看重毕业生在学校里的学业表现（Gamoran，1994；Miller，1998；Griffin，Kalleberg，& Alexander，1981；Murnane，Willett & Levy，1995）。对于中学后教育而言，尤其是高等教育阶段，学生的学业成绩表现并不能代表未来其在劳动力市场上所获得的成就。因此有必要采用职业教育在劳动力市场上最直接的产出——就业率来衡量其教育的产出水平。此外，当前中国高校毕业生求职实行的是自由求职、用人单位与应聘者之间双向选择的就业体制，毕业生的求职结果和薪金基本上是由劳动力市场决定的（闵维方等，2006）。而高等教育的招生数量并没有完全放开，因此为了确定合理的招生规模、更好地适应劳动力市场和经济发展的需要，对高等教育（包括高等职业教育）的学生就业状况进行分析和研究具有重要的现实意义。

在本研究中，笔者利用可得的研究数据将就业率分为一般就业率和实习对口就业率。一般就业率也即通常所说的就业率，就是当年9月1日就业学生数与毕业生数的比值。其中，9月1日的毕业生数为2009年"高职数据平台"报告的9月1日的毕业生数，也即2008～2009学年的毕业生人数。9月1日的就业学生数为当年毕业生与用人单位签订劳动合同就业和自谋职业的人数。该指标可以反映出高职样本专业的总体就业形势，在毕业生数一定的情况下，一般就业率越高，代表着该专业就业的学生绝对数量越多，反映出该专业在劳动力市场中就业竞争力较强，该专业教育的认可度和接受度更高。但是该指标也存在一点问题，因为这是一个时点的数据，并且是毕业离校2个月内的数据。现实中，一部分高职毕业生在其毕业的较短时期内工作状态并不稳定。较为理想的指标是衡量高职毕业生离校半年或者一年以后的就业状态数据，这样得到的数据偏差可能会小一些。

实习对口就业率是顶岗实习的企业年接受毕业生就业的人数与顶岗实

习学生总数之比，即实习企业录用高职毕业生的比例。有学者（Misko & Wynes，2009）指出，学生在与所学内容相关的岗位上或特定领域内就业的百分比，是评价一个教学机构在满足学生需求方面的绩效的重要衡量指标。笔者假定企业在较长时间的顶岗实习期内会对实习学生的素质和能力有足够的信息，并以此为依据录用实习学生在企业内就业，因此该指标在一定程度上反映出该专业的教学质量水平和产出水平。值得注意的是，实习对口就业率是研究者定义的一个狭义的对口就业的概念。换句话说，学生顶岗实习的企业是与学生所在专业所学技能对口匹配的企业，实习学生被实习企业录用是对口就业，但实习毕业生未在实习企业内就业并不意味着一定是非对口就业，因为企业录用实习毕业生的比例不仅受到供给方（学生）实力的影响，还受到需求方（企业）自身的影响，比如企业在当时可提供的岗位数量等。该指标的重大缺陷就在于此，尽管如此，我们还是可以利用该指标结合前文提及的一般就业率相互印证，探讨院校和地区之间的差异等问题。如果数据可得，一个理想的专业教育的对口就业率的指标应当是高职毕业生在离校半年或一年以后，从事与所学内容相关的毕业生数与就业人数之比，这也就可以从横向匹配的角度真正衡量出高职毕业生总体上学以致用的水平，更进一步，可以对毕业生就业的信息细化，诸如在何种性质的企业内就业、从属于哪一个行业部门、就业的地理场所是县镇还是省市等，以此作为就业类型的控制变量，进而衡量出高职专业教育的质量和产出水平。

对于研究的重点——专业类的就业率，本研究采用 2009～2010 年两年的数据进行了修正。首先，分别依据每年"高职数据平台"报告的 9 月 1 日的毕业生数和就业人数计算出当年该专业类的一般就业率，公式为：一般就业率 = 9 月 1 日就业数/9 月 1 日毕业生数；其次，当两年的资料均非缺失值时，取平均值作为修正后的一般就业率。当有一年一般就业率值缺失时，则直接保留另一年的一般就业率值作为修正后的一般就业率。采取该方法处理的理由有两个：一是某一年一般就业率值缺失有可能是该专业在某一年未招生，因此数据不可以直接取两年的均值；二是某校内开设的某一专业的一般就业率在相邻的两年内变动幅度不大，基本保持稳定。对于实习对口就业率的数据处理采用了同样的方法。

对因变量进行初步修正后，一般就业率和实习对口就业率各自的样本量不完全一致，为最大限度地保留样本，对二者取并集，总样本量为1226。需要注意的是，该做法直接导致后文中分别以一般就业率和实习对口就业率为因变量进行分析时，各模型的样本量出现差异，并不一致。然后进行初步的统计描述（见表3－7），全国所有制造大类的专业类的平均一般就业率是0.92，标准差是0.10；平均的实习对口就业率是0.58，标准差是0.32。可见，一般就业率的变异程度较小，分布比较集中，而实习对口就业率则不然，这也可以从两个指标的直方图中得到印证（见图3－3、图3－4）。

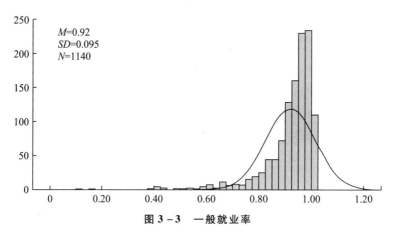

图 3－3　一般就业率

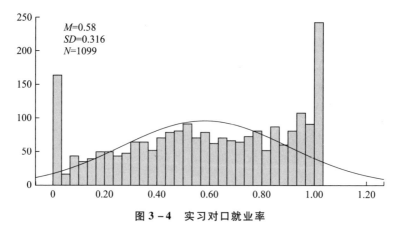

图 3－4　实习对口就业率

4. 地区层面变量

前文所述都是专业类层面的数据信息，地区层面的数据主要来源于2010年的《中国统计年鉴》，选取其中各省的人均GDP值（取自然对数以降低方程的异方差）来代表各地的经济发展总体水平，同时以第二、第三产业生产总值占全国国内生产总值的比重来反映各省的产业结构水平（见表3-8）。

三大产业的划分是世界上较为常用的产业结构分类，但各国的划分不尽一致。Todaro和Smith（2006）提出的三次产业的划分依次是：第一产业是农业、林业和渔业；第二产业是以制造业为主体；第三产业是商业、金融、交通和服务业。中国的三次产业划分是：第一产业是指农业、林业、畜牧业、渔业和农林牧渔服务业；第二产业是指采矿业，制造业，电力、煤气及水的生产和供应业，建筑业；第三产业是指除第一、第二产业以外的其他行业（中国统计年鉴，2010）。本研究中采用第二产业比重来代表本地区（省份）的产业结构发展水平，三次产业比重分别指各产业GDP值与当年全国GDP总值之比。举例来说，2009年第二产业比重的计算公式为：2009年第二产业的GDP值/2009年全国GDP总值。第三产业比重的计算公式与此类似。

表 3 - 8　2009 年省级资料基本统计

变量名称	样本量	均值	标准差	最小值	最大值
人均 GDP 对数	28	10.04	0.51	9.13	11.2
第二产业比重	28	46.75%	8.43%	23.5%	56.5%
第三产业比重	28	41.75%	9.02%	29.3%	75.5%

注：表中原始绝对数值按当年价格计算。

（三）研究方法与模型

1. 研究方法的选取

对于高等教育效率研究的方法，Lindsay（1982）曾经做过一次详尽的文献梳理，至今仍有借鉴意义。Lindsay筛选并总结了20世纪70年代数十份有关高等教育机构效率的实证研究，从研究方法的角度把评估高等教育

投入 – 产出（input-output）绩效表现（institutional performance）的研究分为三类。第一类是投入 – 产出比的研究，也即运用成本分析技术（cost-analysis techniques）确定生均成本以及采用生师比等指标来衡量生产力比值（productivity ratio）。第二类是回归研究，运用数理统计过程来估计各变量之间的典型相关关系，这类研究大部分对于一系列的投入变量和单一的产出变量进行线性回归。Lindsay 对回归方法研究的批评在于：单一的产出变量无法衡量多项产出、投入 – 产出之间线性关系和规模报酬不变的假定，是对总体平均水平的估计而非相对的个体差异。第三类是生产前沿（production frontier）研究，包含数据包络分析和随机前沿分析等方法。尽管生产前沿研究可以克服回归分析的缺点，但对数据样本量要求较高。Lindsay（1982）指出，研究高等教育效率的方法众多，从简单到复杂各有其优势以及局限所在，并无完美的方法。这之后随着数理统计学的发展，有关高等教育效率研究的计量方法也在不断改进，渐趋复杂的同时也更加严谨。

目前，构建前沿模型（Frontier Model）是高等教育生产效率研究中比较先进的一种技术手段，可分为两类：一种是参数估计的随机前沿分析（Stochastic Frontier Analysis，简称 SFA），另一种是非参数估计的数据包络分析（Data Envelopment Analysis，简称 DEA）。数据包络分析是一种非参数的估计方法，主要用来研究决策单元（decision-making units）之间的相对有效性（Charnes，Cooper，& Rhodes，1978）。

传统的生产函数法假定所有生产者在技术上是充分有效的，从而将产出增长扣除要素投入贡献后的剩余（后来被称为全要素生产率）全部归结为技术进步的结果。但在现实中，并不是每一个生产者都处在生产函数的前沿（frontier of the production function）。大部分生产者的效率与最优生产效率有一定的差距，即存在技术无效率（technical inefficiency）。另外，人们对生产者行为的实际观测总是受随机误差扰动，并且个别生产者与最优生产效率的差距也会受到生产过程中各种随机因素的影响（岳昌君，2009b：158）。对此，随机前沿方法（Aigner，Lovell，& Schmidt，1977；Meeusen & Broeck，1977）先界定生产函数形式，并将误差项分为彼此独立的两部分：一是由企业无法控制的外在干扰因素引起的误差（又称随机误差项），如政治局势、天气等；二是由可控因素引起的误差（又称管理误差项），代表了企业无效率的水平。而后者（管理误差项）正是我们重点关注的对象。

岳昌君（2009b：161）对这两种前沿分析方法进行了比较。①随机前沿分析的优点在于容易解释结果，可以对不同解释变量的参数估计值进行统计上的显著性检验，这在决定各种相关投入变量的关系时尤为重要。但该方法对模型的函数形式和误差项的假定有严格的要求，且该方法不适用于多产出情形。②数据包络分析的优点在于可以处理多投入与多产出的情况，不需要严格的函数形式假定；缺点在于估计的结果是相对效率，而非绝对效率，也即测量的是单个学校相对于样本中最好学校的绩效，而不是相对于客观的效率技术标准的绩效。该方法不能进行统计显著性检验，无法确定某些特定投入和产出之间关系的统计显著性。

李双杰和范超（2009）对 SFA 和 DEA 两种前沿方法的评析更为深刻。①SFA 的主要优点在于将实际产出分为生产函数、随机因素和技术无效率三部分（也即将纯粹的随机误差与非效率值相分离）。而 DEA 的缺点则是把实际产出分为生产前沿和技术效率两部分，直接忽略了随机因素对于产出的影响。②SFA 是通过极大似然法估计出各参数，然后以技术无效率项的条件期望作为技术效率值。而 DEA 则是通过线性规划计算出效率值。因此，若样本容量很大，这些样本可能会因不满足线性规划的一些基本假设而导致 DEA 的计算失败，而 SFA 使用的极大似然法估计出的参数具有大样本的相合性，[①] 所以 SFA 更适合大样本计算。③从计算结果的稳定性来看，SFA 的计算结果较为稳定，不容易受异常值的影响。而 DEA 计算结果的稳定性较差，容易受异常值影响，如果样本中存在异常值，通常对 DEA 结果影响很大。④SFA 方法可通过参数值求出投入的产出弹性，而 DEA 则不能。此外，SFA 可以一步计算出效率值进而分析影响效率的因素，而 DEA 则需要两阶计算才能完成。

从已有的实证研究结果来看，两种方法得到的技术效率的测算结果有很高的相似性。Kempkes 和 Pohl（2010）分别采用 DEA 方法和 SFA 方法研究德国大学的生产效率，发现其绩效表现多处相似，两种方法得到的效率

[①]　李文利和由由（2007）也曾指出，SFA 方法尽管需要假设残差的分布，但这可以通过足够的样本量来克服。

得分显著相关，等级相关度在 60% 以上。McMillan 和 Chan（2006）认为两种方法得到的加拿大 45 所大学高效率评分组和低效率评分组呈现一致性。

因此笔者认为，这两种前沿方法各有千秋，不存在完美的最优的研究方法，选择研究方法时应关注是否适用于研究问题、样本数据等具体情境。结合本研究的研究问题，笔者所关注的首要问题是考察众多高职专业投入是如何影响毕业生的就业率的，更关注投入要素与产出之间的显著关系，而非各个样本专业之间相对效率的大小，并且本研究的产出为单一的就业指标，样本的规模较大，综合以上因素，随机前沿分析（SFA）相比数据包络分析（DEA）更适用于本研究。

此外，线性回归分析也是研究教育生产效率的一个重要统计工具。李文利和由由（2007）对高等学校办学效率研究中广泛应用的普通最小二乘法（OLS）与 SFA 两种方法进行了比较，指出 OLS 和 SFA 一样都可以直观地考察投入对产出的影响过程，体现各种投入对产出影响的相对重要性；OLS 是对样本平均情况的估计，可以提供一种"平均"水平上的投入 - 产出关系，而 SFA 方法描绘的则是最大产出或者最小成本曲线。

近年来，随着数量统计技术的进步，学者们针对以往在处理多层结构时数据的局限及可能产出的结果偏差而提出了"多层线性模型"（Hierarchical Linear Modeling）方法。对于分层结构数据而言，以往的常规线性模型统计技术由于自身在分析嵌套结构上的局限性，会出现一系列测量问题，如汇总偏差、错估标准误以及回归的异质性等，并不能检验每个不同层次上的效应和各种层次之间的关系。而多层线性模型则有助于解决这些问题，该方法可以将变量之间的关系在不同层次上进行分解，并对每个组织单位分别估计出一套回归系数，然后将这些组织的回归系数作为结果（因变量）建立模型，并用组间或背景的因素解释其变化（Burstein，1980；Raudenbush & Bryk，2002）。该方法多用于组织研究，现今在高等教育领域，涌现出不少采用多层线性模型分析个人、班级以及学校层面的生产效率的实证研究（Rumberger & Thomas，1993；Dolan & Schmidt，1994；Belfield & Fielding，2001；Draper & Gittoes，2004）。对此，本书可以通过构建专业 - 省份二层数据，采用多层线性模型来分析地区（省份）的经济背景因素对嵌套其中的高职专业的生产行为的影响。

2. 具体的研究模型

首先，本书利用多元线性回归模型研究高职制造大类专业的教师、课程及校企合作等投入对毕业生一般就业率（实习对口就业率）的影响。具体模型如下所示：

$$Y = \beta_0 + \beta_1 X_1 + \cdots + \beta_8 X_8 + \varphi_1 C_1 + \varphi_2 C_2 + \varphi_3 C_3 + u \qquad (3-1)$$

其中，Y 代表制造大类专业的毕业生的一般就业率（或实习对口就业率），X_1 至 X_8 代表专业的各投入要素，具体包括专任教师比例、专任硕士后学历比例、专任"双师型"教师比例、实践课比例、精品课程比例、新教材比例、顶岗实习占毕业生比例以及企业支持因子；变量 C_1、C_2 和 C_3 分别代表专业的控制变量：新生报到率（代表专业声誉）、新生高中起点比例（代表专业生源质量）、专业规模（用专业在校生数的对数来衡量）；而参数 β 和 φ 是待估计的系数，u 是随机扰动项。

其次，采用二层线性模型来分析制造大类专业的投入－产出效率。在模型建构之初，首先进行单因素方差分析，即对零模型的估计，来说明因变量的总方差可被组间差异解释的比例及其显著性。继而，构建二层线性模型。在专业层面，加入专任教师比例、实践课比例等投入变量以及院校类型等虚拟变量；在省份层面加入人均 GDP、第二产业比重和第三产业比重等。在模型设定中，假定专业层面的投入变量影响专业就业产出的同时不受省份层面经济产业变量的影响，构建模型如下：

层一：

$$Y = \beta_0 + \beta_1 X_1 + \cdots + \beta_8 X_8 + \beta_9 X_9 + \beta_{10} X_{10} + \beta_{11} X_{11} + \beta_{12} X_{12} + r \qquad (3-2)$$

层二：

$$\begin{aligned}
&\beta_0 = G_{00} + G_{01} \mathrm{Ln} GDP + G_{02} Indu\_2 + G_{03} Indu\_3 + u_{0j}; \\
&\beta_1 = G_{10}; \beta_2 = G_{20}; \beta_3 = G_{30}; \beta_4 = G_{40}; \beta_5 = G_{50}; \beta_6 = G_{60}; \\
&\beta_7 = G_{70}; \beta_8 = G_{80}; \beta_9 = G_{90}; \beta_{10} = G_{100}; \beta_{11} = G_{110}; \beta_{12} = G_{120}
\end{aligned} \qquad (3-3)$$

其中，因变量 Y 是全国计算机专业类学生的"一般就业率"或"实习对口就业率"，X_1 至 X_8 代表专业的各投入要素，具体包括专任教师比例、专任硕士后学历比例、专任"双师型"教师比例、实践课比例、精品课程比例、新教材比例、顶岗实习占毕业生比例以及企业支持因子；X_9 至 X_{11} 分别代表专业的控制变量，具体包括新生报到率、新生高中起点比例、专业规模；X_{12} 代表院校类型的虚拟变量。在回归分析中，对专业层面各变量进行"中心化"（group centering）处理，使得第一层截距项可以被解释为第二层中各省份的平均值。

最后，同时采用随机前沿分析来进一步验证高职专业的人才培养效率。随机前沿分析方法（Aigner, Lovell, & Schmidt, 1977）是目前高等教育生产效率研究中比较先进的一种技术手段。它在界定生产函数形式的基础上，把由可控因素引起的误差从实际生产效率与最优生产效率（生产前沿面）之间的差距中分离出来，这个由可控因素引起的误差代表了企业无效率的水平（也即技术无效率），是人们重点关注改进的对象。

基于此，根据 Battese 和 Coelli 于 1995 年提出的随机前沿模型（Battese & Coelli, 1995），本研究的模型设定如下：

$$\text{Ln}(Y_i) = \beta_0 + \beta_1 \text{Ln}X_1 + \beta_2 \text{Ln}X_2 + \cdots + \beta_{11} \text{Ln}X_{11} + V_i - U_i \qquad (1)$$

$$U_i = \delta_0 + \delta_1 SCH + \delta_2 \text{Ln}GDP + \delta_3 Indu\_2 + \delta_4 Indu\_3 \qquad (2) \quad (3-4)$$

$$TE_i = \exp(-U_i) \qquad (3)$$

在方程（1）中，Y 为一般（实习对口）就业率，X_1 至 X_{11} 分别代表各项教育投入指标，包括专任教师比例、专任硕士后学历比例、专任"双师型"教师比例、实践课比例、校企合作课程比例、精品课程比例、新教材比例、顶岗实习占毕业生比例、新生报到率、新生高中起点比例、专业在校生总数等的对数形式。V 代表由不可控因素引起的随机误差项，U 代表技术无效率项，且服从截断正太分布 $N(m, \sigma^2)$，V 和 U 二者相互独立。

方程（2）主要分析外部环境因素对技术无效率的影响，其中，U_i 表示第 i 个专业技术无效率造成的产出损失，SCH 代表院校类型的虚拟变量，$\text{Ln}GDP$ 代表各省人均 GDP，$Indu\_2$ 代表第二产业在各省 GDP 中所占的比重，$Indu\_3$ 代表第三产业在各省 GDP 中所占比重。

在方程（3）中，若 $U_i = 0$，则 $TE_i = 1$，表明位于生产前沿上的技术完全有效；若 $U_i > 0$，则 $TE_i < 1$，则表面位于生产前沿之下。方差参数 γ 接近 0，意味着实际产出和生产前沿之间的偏差多来自不可控因素造成的噪声误

差，此时用 OLS 方法即可；当 γ 接近于 1 时，则表明实际产出和最优产出之间的偏差多来自生产的非效率，可以用 SFA 模型来估计。

四　制造大类专业的生产效率分析

在本部分的实证研究中，本研究依照统计方法从简单到复杂的程度，分别选取了方差分析（ANOVA）对两个有关就业率的产出指标进行组间差异分析，其次利用稳健性 OLS 回归方法从总体上探讨投入要素和就业产出之间的线性相关关系，最后利用随机前沿分析（SFA）方法以及多层线性模型（HLM）重点讨论教师、课程以及校企合作等各投入要素对就业产出的显著影响。这是一个逐步深化的过程，OLS 回归分析和多层线性模型在本质上是为随机前沿模型的实证研究服务的，主要为本研究提供更多的启示以互相印证和补充。重点是利用随机前沿模型对高职专业教育投入与产出关系进行解读，并以该模型结果为主要依据归纳实证结论。在随机前沿模型不适用的条件下，以其他的分析方法和实证结果为补充。

（一）专业层面的要素投入 - 产出分析

在做下文的实证分析之前，有必要对样本中 4 组不同专业类的平均就业率的组间差异进行验证。对 4 类制造专业类的一般就业率及实习对口就业率进行单因素方差分析（One-way ANOVA），结果如表 3 - 9 所示，一般就业率的 LSD 检验的 p 值大于 0.05，满足方差齐性检验（Homogeneity of Variance Test），且单因素方差分析的 p 值为 0.268，大于 0.05，不能拒绝原假设，说明这 4 项制造专业类的一般就业率之间总体均值无显著差异，也即制造大类下的这 4 个专业类的个别分组对于一般就业率没有显著的影响。同样地，实习对口就业率的单因素方差分析结果显示，p 值大于 0.05，说明 4 项制造专业类的实习对口就业率总体均值无显著差异，4 个制造专业类之间的分组对于实习对口就业率同样无显著影响。基于此，本研究可以把机械设计制造类、自动化类、机电设备类和汽车类 4 个样本专业类同等看待，均视作制造大类的一个分析单位，忽略其组间差异对本研究的影响。

表 3 - 9　制造专业类的一般就业率/实习对口就业率的方差分析

	一般就业率		实习对口就业率	
	样本量	均值（%）	样本量	均值（%）
机械设计制造类	393	91.5	377	57.3
自动化类	404	92.2	395	58.4
机电设备类	81	93.1	76	66.4
汽车类	262	92.8	251	57.2
合计	1140	92.2	1099	58.3
LSD 检验 p 值	0.578		0.025	
ANOVA 分析 p 值	0.268		0.130	

注：实习对口就业率的 LSD 检验的 p 值为 0.025，小于 0.05，没有通过方差齐性检验。此时计算检验组均值相等假设的 Brown-Forsythe 统计量和 Welch 统计量，会得到比 F 统计量更优越的指标（郝黎仁等，2003：162），得到的统计值分别为 0.083 和 0.12，均大于 0.05，在 5% 的显著性水平下不能拒绝方差齐性的原假设，可以进行后续的均值比较。

本书首先利用多元线性回归模型分析高职制造专业类的教师、课程及校企合作等投入对毕业生一般就业率/实习对口就业率的影响。具体回归模型见表 3 - 10。

由于本研究选用的是一年期的横截面数据，需要考虑异方差（Heteroskedasticity）问题，基于此对回归方程选用稳健性标准差（Robust）估计，考虑了异方差和随机扰动项的非正态分布情况，使得回归结果更加准确。[①] 在回归分析中，个别观察值的某些变量值缺失，用该变量的均值来替代，后面的 OLS 回归中对缺失值的处理均与此一致。表 3 - 10 中，模型 1 和模型 3 分别以一般就业率和实习对口就业率为因变量，分析专任教师比例、专任硕士后学历比例、专任"双师型"教师比例、实践课比例、精品课程比例、新教材比例、顶岗实习占毕业生比例以及企业支持因子对就业的影响。模型 2 和模型 4 分别加入了专业的控制变量：新生报到率、新生高中起点比例以及专业规模。

---

① 下文中如果没有特殊说明，涉及的 OLS 回归都是考虑了稳健性标准差后的回归结果。

表 3 – 10　高职专业投入 – 产出的 OLS 回归分析

自变量	一般就业率		实习对口就业率	
	模型 1	模型 2	模型 3	模型 4
专任教师比例	0.04*	0.034	0.395**	0.42**
专任硕士后学历比例	0.03*	0.028*	– 0.062	– 0.073
专任"双师型"教师比例	– 0.025*	– 0.018	– 0.001	0.002
实践课比例	0.016	0.015	0.03	0.038
精品课程比例	0.108**	0.103**	0.178	0.181
新教材比例	0.018	0.019	– 0.082※	– 0.094※
顶岗实习占毕业生比例	0.022*	0.02*	– 0.061※	– 0.069*
企业支持因子	0.008**	0.006**	0.011	0.017※
新生报到率		0.07**		– 0.002
新生高中起点比例		– 0.007		0.064*
专业规模		– 0.005		– 0.01
调整后的 R^2	0.048	0.053	0.048	0.059
样本量	1138	1083	1011	968

注：** 表示在 1% 的显著性水平下显著；* 表示在 5% 的显著性水平下显著；※ 表示在 10% 的显著性水平下显著。

对模型的多重共线性（Collinearity Statistics）进行检验，发现四个模型的方差膨胀因子（VIF）均小于 1.5，表明模型的多重共线性强度非常弱，可以忽略不计。[①]

此外，四个回归模型的 F 分布的统计值都为 0，模型在 1% 的信度水平下显著，说明模型设定基本合理。但拟合优度的判定系数（调整后的 R^2）只在 4.8% ~ 5.9%，表明这些投入要素仅仅解释了一般就业率及实习对口就业率变异的 4.8% ~ 5.9%，另外有 94% ~ 95% 的变异受未被引入模型的其他因素影响。总之，该模型对因变量变异的解释力度过低。

从 OLS 的回归结果来看，对于一般就业率而言，模型 1 中精品课程比例和企业支持因子在 1% 的显著性水平下显著，专任硕士后学历比例和顶岗

---

① 下文的 OLS 回归模型中，如没有特殊说明，都是已验证过模型的多重共线性问题，并且 VIF 指数表明共线性程度非常弱，可以忽略，因此不再提及。

实习占毕业生比例都在5%的显著性水平下显著，加入了三个专业控制要素后（模型2），这4个变量显著性水平不变，只是相应的系数值有所减小。专任教师比例和专任"双师型"教师比例分别在10%和5%的显著性水平下显著，加入专业控制要素后，对一般就业率的影响不再显著。

在控制了专业规模、新生报到率及新生高中起点比例情形下（模型2），在其他自变量条件不变的情况下，总课程中精品课程比例每增加1个百分点，制造专业类毕业生的一般就业率平均会增加0.103个百分点；企业支持因子每增加1个标准差，一般就业率平均会随之增加0.006个百分点；专任硕士后学历比例每增加1个百分点，一般就业率平均会随之增加0.028个百分点；顶岗实习占毕业生比例每增加1个百分点，一般就业率平均会增加0.02个百分点。除了企业支持因子之外，其他三个变量都是比值，通过系数值的大小，发现精品课程比例（0.103）对一般就业率的正向影响最大，其次分别是专任硕士后学历比例（0.028）和顶岗实习占毕业生比例（0.02）。

同样道理，对于实习对口就业率的回归模型也可以进行类似的分析。比较模型3和模型4，发现在加入专业控制变量后，专任教师比例的增加对毕业生实习对口就业率的积极影响增大，新教材比例对实习对口就业率的负面影响也在增强，而顶岗实习占毕业生比例和企业支持因子的显著性增强。在模型4中，从系数值来看，专任教师比例每增加1个百分点，毕业生实习对口就业率平均会增加0.42个百分点；企业支持因子在10%的显著性水平下显著，每增加1个标准差，实习对口就业率平均会增加0.017个百分点；而新教材比例在10%显著性水平下对毕业生实习对口就业率有显著的负面影响，即新教材比例每增加1个百分点，实习对口就业率平均会降低0.094个百分点，这与预期和经验相背，采用更多的新版本教材并不能帮助实习学生增大留在实习企业的概率，反而会带来负面影响；顶岗实习占毕业生比例每增加1个百分点，毕业生实习对口就业率平均会降低0.069个百分点，这比较容易理解，因为实习对口就业率是用顶岗实习企业录用实习毕业生的比重来表达的，在顶岗实习企业招聘的工作岗位有限和毕业生数不变的情况下，接受顶岗实习的毕业生数越多，对口就业的竞争压力越大，录用顶岗实习毕业生的比例也越低。总之，当产出是实习对口就业率时，控制了专业规模、新生质量以及专业声誉后，专任教师比例和企业支持因子对毕业生的实习对口就业率有显著的正向影响，而新教材比例和顶岗实习占毕业生比例则有负向影响，且专任教师投入对于产出的影响力度远超出其他 3 个变量。

另外，在模型 1 到模型 4 中，专任"双师型"教师比例，尤其是实践课比例对一般就业率和实习对口就业率的影响都不显著，没有发挥出应有的贡献，这与职业教育长期以来强调实践课程、注重教师岗位实践能力的原则相背离，值得进一步思考。

（二）专业生产效率的院校分化

在研究制造类专业的生产效率在高职院校之间的差异问题时，本书试图从高职院校的性质（公办、民办）和等级（省级/国家示范院校、非示范院校）两个角度出发，来比较不同类型的学校之间制造类专业的生产效率的差异及其表现。在本部分中，首先采用单因素方差分析来分别验证一般就业率/实习对口就业率在不同类型的院校间存在显著性差异；其次利用多元线性回归模型来分析不同院校间的要素投入与产出的线性关系；最后采用随机前沿方法估计不同院校的实习对口就业率的技术效率。

1. 公办院校和民办院校的比较

（1）多元回归分析

基于前文的研究，笔者将样本专业类按照高职院校的性质（公办、民办）分成两组，分别以一般就业率及实习对口就业率为因变量进行多元回归分析，得到结果如表 3-11 所示。

表 3-11　不同性质的高职院校的专业效率分析（OLS）

自变量	一般就业率		实习对口就业率	
	民办	公办	民办	公办
	模型 5	模型 6	模型 7	模型 8
专任教师比例	0.104	0.008	0.100	0.504**
专任硕士后学历比例	0.054	0.022*	-0.201	-0.065
专任"双师型"教师比例	-0.038	-0.013	0.079	0.012
实践课比例	0.049	-0.001	-0.017	0.037

续表

自变量	一般就业率		实习对口就业率	
	民办	公办	民办	公办
	模型 5	模型 6	模型 7	模型 8
精品课程比例	0.067	0.109**	-0.105	0.227*
新教材比例	0.067	0.007	0.051	-0.097※
顶岗实习占毕业生比例	0.046※	0.013	0.116	-0.091*
企业支持因子	-0.006	0.005*	-0.054	0.017※
新生报到率	0.014	0.072*	0.240	-0.094
新生高中起点比例	-0.044	-0.003	0.208※	0.051※
专业规模	-0.001	-0.001	-0.006	-0.01
F 检验 p 值	0.192	0.000	0.596	0.000
R^2	0.118	0.045	0.071	0.08
样本量	150	933	117	851

注:** 表示在 1% 的显著性水平下显著;* 表示在 5% 的显著性水平下显著;※ 表示在 10% 的显著性水平下显著。

从表 3 - 11 可知,模型 5 和模型 7 是对民办高职院校中的制造类专业的生产效率进行多元线性分析,发现这两个模型的 F 检验的 p 值分别为 0.192 和 0.596,即使是在 10% 显著性水平下也不显著,说明这两个回归方程总体不显著,模型设定不合理。从自变量系数来看,各投入自变量在 5% 的显著性水平下全都不显著。这都说明,民办高职院校的制造类专业各投入要素与产出之间基本上不存在线性相关关系。

模型 6 和模型 8 是有关公办高职院校的制造类专业的效率分析。两个模型的 F 检验的 p 值为 0.000,表明在 1% 的显著性水平下显著,方程总体显著,模型设定合理。当专业产出用一般就业率来衡量时(模型 6),精品课程比例每增加 1 个百分点,一般就业率平均会增加 0.109 个百分点;企业支持因子每增加 1 个标准差,一般就业率平均会增加 0.005 个百分点。在各投入要素之间,精品课程比例对一般就业率的影响最大。该结果与模型 2 的结果基本一致,只是当样本局限在公办院校时,顶岗实习占毕业生比例的影响不再显著。

当专业产出用实习对口就业率来衡量时（模型8），发现专任教师比例的系数为0.504，相比于模型4中的系数（0.42），当样本中剔除民办高校的专业后，专任教师比例对实习对口就业率的影响力度增强；同样地，在将样本局限在公办高校内时，精品课程比例由原来的不显著变成在5%的显著性水平下显著，且系数值为0.227。其他的结论基本不变：顶岗实习占毕业生比例对公办高职专业的实习对口就业率有显著的负面影响；新教材比例在10%的水平下显著，对实习对口就业率也有消极的影响；而企业支持因子的影响比较稳定，系数仍是0.017，在10%的水平下显著。在所有投入要素中，专任教师比例对实习对口就业率的影响力度最大（0.504），其次是精品课程比例（0.227），最小的是企业支持因子（0.017）。

此外，对于模型6和模型8而言，实践课比例和专任"双师型"教师比例对毕业生的一般就业率和实习对口就业率都没有显著影响。

（2）随机前沿分析

分别以公办高职院校和民办高职院校的制造类专业的实习对口就业率作为产出指标，采用随机前沿方法分析两类院校之间的生产效率差异，得到结果如表3-12所示。

表3-12 不同性质院校的实习对口就业率的随机前沿分析

自变量	民办		公办	
	模型9	模型10	模型11	模型12
L专任教师比例	-1.267**	-2.436**	0.015	-0.0118
L专任硕士后学历比例	0.024**	0.042*	0.000	-0.0001
L专任"双师型"教师比例	0.036**	0.050**	0.000	0.0004*
L实践课比例	-0.283**	-0.023	-0.004	0.0050※
L精品课程比例	-0.001	0.006	0.000	-0.0002
L新教材比例	0.986**	0.340	0.001	0.0055**
L顶岗实习占毕业生比例	0.047**	0.125**	-0.001	-0.0047**
L校企合作课程比例	0.023**	0.072	0.000	0.0000
L新生报到率		0.144**		-0.0320※
L新生高中起点比例		-0.040**		0.0008

自变量	民办		公办	
	模型 9	模型 10	模型 11	模型 12
专业规模		−0.544 **		−0.0034
σ^2	123.281 **	124.909 **	45.859 **	45.0820 **
γ	0.999 **	0.999 **	0.999 **	0.999 **
LR 检验值	124.2 **	115.6 **	1179.1 **	1168.9 **
样本量	135	135	964	964

注：1. ** 表示在 1% 的显著性水平下显著；* 表示在 5% 的显著性水平下显著；※ 表示在 10% 的显著性水平下显著。2. γ 值为 0.999999，趋近于 1，但并不完全等于 1，故此处并不四舍五入以示与 1 的区别。

从模型 9 和模型 10 来看，在加入了专业控制变量以后，民办高职院校的实践课比例、新教材比例以及校企合作课程比例都不再显著；模型 10 中，专任教师比例的产出弹性是 −2.436，也即民办院校中专任教师占总教师数的比重增大，反而会对毕业生的实习对口就业率产生显著的负面影响，并且专任硕士后学历比例以及专任"双师型"教师比例对毕业生的实习对口就业率有显著影响，其产出弹性分别为 0.042 和 0.050，这相比于模型 12 中公办院校而言，专任教师的素质在私立学校中对提高毕业生的实习对口就业率发挥了更大的影响，这可能是由于民办院校中专任教师的素质较低，专任教师比例的增加只会起到相反的效果，而一旦专任教师的素质提高，生产效率就会有明显提升。此外，也有可能是因为，专任教师比例的增加同时意味着校外兼职、兼课教师比例的降低，也即与企业、行业联结的紧密程度下降，影响到顶岗实习企业对该校实习学生的录取比例。在模型 10 中，顶岗实习占毕业生比例的产出弹性为 0.125，并在 1% 的水平下显著，这说明对于私立高职院校的制造类专业而言，顶岗实习占毕业生比例在提高毕业生的实习对口就业率方面占据重要地位。

比较模型 11 和模型 12 后发现，对于公办高职院校而言，尽管专任"双师型"教师比例、实践课比例以及新教材比例都对毕业生的实习对口就业率有显著的积极影响，但这三个变量估计出的系数值较小，影响有限。而顶岗实习占毕业生比例对于公办院校学生的实习对口就业率有显著的负面影响（－0.0047），而该投入变量对民办院校（模型10）的学生则有显著的积极影响（0.125），方差分析中"民办院校的实习对口就业率的平均值低于公办院校近10个百分点（50% VS 60%）"的结论就不难理解，对于民办院校的制造类专业而言，顶岗实习的学生能够被实习企业录用的比例总体较低，所以只能增加顶岗实习的学生数，通过人员数量扩增的优势来增大实习企业录取毕业生的概率；而对于公办高职院校而言，总体上被实习企业录取的比例较高，已趋近于该指标的前端水平，能够增进的空间并不大，所以顶岗实习占毕业生比例的增大，会产生相反的效果，仅仅增加了竞争的人数。此外，从模型的总体来看，尽管公办高职院校总体的平均技术效率值较高，远超过民办高职院校，但公办高职院校的投入各参数值较小，解释力度不强。

2. 示范院校和非示范院校的比较

（1）多元回归分析

与上文相似，笔者将样本专业按照高职院校等级（示范院校、非示范院校）分成两组，分别以一般就业率、实习对口就业率为因变量进行多元回归分析，得到结果如表3－13所示。

表3－13　不同等级的高职院校的专业效率分析（OLS）

自变量	一般就业率		实习对口就业率	
	非示范院校	示范院校	非示范院校	示范院校
	模型13	模型14	模型15	模型16
专任教师比例	0.055*	－0.007	0.342**	0.596**
专任硕士后学历比例	0.030	0.011	－0.081	－0.080
专任"双师型"教师比例	－0.015	－0.021	0.002	0.004
实践课比例	0.029	－0.018	0.003	0.121
精品课程比例	0.094*	0.081*	0.304	－0.034
新教材比例	0.016	0.021	－0.198**	0.071
顶岗实习占毕业生比例	0.027*	0.006	－0.014	－0.156**
企业支持因子	－0.001	0.010**	0.025	0.020*
新生报到率	0.032	0.122*	－0.081	0.070

续表

自变量	一般就业率		实习对口就业率	
	非示范院校	示范院校	非示范院校	示范院校
	模型13	模型14	模型15	模型16
新生高中起点比例	−0.010	0.000	0.054	0.078※
专业规模	0.008	−0.012*	0.005	−0.046*
F 检验 p 值	0.042	0.001	0.000	0.000
调整后的 R^2	0.048	0.062	0.058	0.123
样本量	662	421	581	387

类似地，从模型13和模型14可以发现以下几点。①精品课程比例无论是在示范院校内，还是在非示范院校内，都在5%的水平下显著，且与一般就业率的联系最为紧密，精品课程比例每增加1个百分点，一般就业率平均会增加0.094或者0.081个百分点，这与模型2的结果一致，可见对于一般就业率而言，精品课程比例始终与就业产出显著相关。②相比于非示范院校，示范院校内企业支持因子有着显著的积极影响，企业支持因子每增加1个标准差，一般就业率平均会增加0.010个百分点，也即示范院校内，校企合作的成效更显著，促进了毕业生的就业。而非示范院校的企业合作水平对学生的一般就业率没有显著影响。③在非示范院校内，顶岗实习占毕业生比例对学生就业有显著的积极影响，而这一变量在示范院校内则不显著，这可能是由于非示范院校为了增加本校学生在劳动力市场上的就业优势，促进就业，更加看重毕业生的顶岗实习，因而这一工作在非示范院校内切实发挥了功效。

在模型15和模型16中，①专任教师比例成为学生实习对口就业率的重要影响因素，这与前文的研究结果一致，且专任教师比例这一投入要素的系数较大，在非示范院校样本内为0.342，在示范院校样本内为0.596，二者之间差距较大。②在示范院校中，顶岗实习占毕业生比例对实习对口就业率有显著的负面影响，该比例每增加1个百分点，实习对口就业率平均会降低0.156个百分点；而在非示范院校中，顶岗实习占毕业生比例对实习对口就业率没有显著影响。③在示范院校内，企业支持因子在10%的显著性水平下显著，企业支持因子每增加1个标准差，实习对口就业率平均会增加0.020个百分点。结合模型14，可知在示范院校内企业支持因子对于一般就业率和实习对口就业率都有显著的积极影响，而在非示范院校中企业支持因子对就业产出则基本没有影响。④在非示范院校中，新教材比例对学生实习对口就业率有显著的负面影响，新教材比例每增加1个百分点，实习对口就业率平均会降低0.198个百分点，而该变量在示范院校样本中则没有显著影响。

此外，代表专任教师素质的专任硕士后学历比例、专任"双师型"教师比例以及实践课比例都不显著，没有呈现笔者预期的影响。

（2）随机前沿分析

类似地，分别以示范院校和非示范院校的制造类专业的实习对口就业率作为产出指标，采用随机前沿方法分析两类院校之间的生产效率差异，结果如表3-14所示。

表3-14 不同等级院校的实习对口就业率的随机前沿分析

自变量	非示范院校		示范院校	
	模型17	模型18	模型19	模型20
L专任教师比例	0.045 **	-0.021	0.223 **	1.196
L专任硕士后学历比例	0.000	-0.001 ※	0.005 **	-0.022
L专任双师教师比例	-0.001 **	0.000	-0.004 **	0.007
L实践课比例	-0.037 **	0.007 **	0.154 **	0.963
L精品课程比例	-0.003 **	-0.002 *	-0.002	-0.007
L新教材比例	0.004 **	-0.038 **	-0.061 **	-0.071
L顶岗实习占毕业生比例	-0.001	-0.003	-0.054 **	0.001
L校企合作课程比例	0.002 **	0.000	-0.005 **	-0.020
L新生报到率		-0.001		-2.135 *
L新生高中起点比例		-0.001		0.407
专业规模		-0.010		-0.571 **
σ^2	60.216 **	58.980 **	31.319 **	60.591 **
γ	0.999 **	0.999 **	0.999 **	0.999 **
LR检验值	827.8 **	813.2 **	502.1 **	385.3 **
样本量	675	675	424	424

注：1. ** 表示在1%的显著性水平下显著；* 表示在5%的显著性水平下显著；※ 表示在10%的显著性水平下显著。2. γ 值为0.999999，趋近于1，但并不完全等于1，故此处并不四舍五入以示与1的区别。

比较模型 17 和模型 18 的系数可以发现，一个有意思的地方在于加入了专业控制变量后，实践课比例和新教材比例对产出的影响都发生了逆转性的变化，模型 18 中实践课比例的增加有利于提高毕业生在实习企业留下的概率，这在 1% 的水平下显著。这可能是由于增加实践课比例，有助于更好地培养制造类专业学生的动手能力，有助于学生在实习企业得到认可和录用。精品课程比例和新教材比例对产出有显著的负向影响，这可能是精品课程在非示范院校的实施效果并没有达到预期的缘故，需要对精品课程和新教材的具体实施情况做进一步思考。

从模型 19 和模型 20 来看，对于示范院校而言，在考虑了专业控制变量以后，所有的典型投入要素都不再显著，模型的解释力度不够。尽管总体上示范院校的平均技术效率要高于非示范院校，但各投入要素并不再显著影响其产出，有很大可能是示范院校的其他组织特征（如政府的扶持等）在发挥重要作用。

综上，通过利用方差分析、多元线性回归和随机前沿分析三种方法分别对不同性质、不同等级的高职院校的制造类专业生产效率进行分组比较后发现：对毕业生的一般就业率和实习对口就业率有显著影响的投入要素是不同的，比如前者是精品课程，后者是专任教师；专业的生产效率在不同类型的院校之间确实存在显著的差异；总体均值水平上，会发现有些投入要素在不同的院校间都发挥着显著作用，例如企业支持因子对于公办院校和示范院校的一般就业率都有显著的积极影响，专任教师始终都显著地与专业的实习对口就业率正相关；而从真正的效率水平估算来看，不同类型的高职院校内，能够有效促进产出提升的投入要素的弹性大小不同，甚至出现相反的表现，比如顶岗实习占毕业生比例分别对民办和公办院校专业实习对口就业率的影响，此外，模型之外的院校特征可能对生产效率的影响更强（例如示范院校）。

（三）地区背景下的高职专业的人才培养效率

本书一个主要的研究问题是考察地区产业、经济背景环境因素如何影响高职专业的人才培养效率。基于此，在本部分笔者分别采用多层线性模型（HLM）、构建的专业 – 省份二层回归模型和随机前沿方法的 BC95 模型一步估计的方法来分析地区的经济发展水平和产业结构水平对高职专业生产的影响。需要注意的是，两种方法的模型设定背后的假设不同，对其结果的解释方法也不同。二层线性模型中假定投入和产出是一种线性相关关系，并且可以探讨地区层面的经济背景变量如何影响地区间的专业平均就业产出；而随机前沿方法则是假定专业的投入和产出的最优关系位于生产前沿面上，地区经济背景因素是作为影响专业生产效率的外部因素被引入的，需留意区分。

在本部分中，样本中高职院校按照举办性质和院校等级可以分为四类：公办示范院校、公办非示范院校、民办示范院校和民办非示范院校（见表 3 - 4）。但由于民办示范院校样本量过少（13），所以将这一类型忽略，只保留其他三类学校，总样本量变为 1213。具体来说，以公办非示范院校为对照组，设立其他两类院校的虚拟变量，当学校类型为公办且为示范院校时，$SCH1 = 1$，否则 $SCH1 = 0$；当学校类型为民办且为非示范院校时，$SCH2 = 1$，否则 $SCH2 = 0$。

此外，对省份层面的变量（人均 GDP 对数，第二、第三产业比重）做两两相关分析，发现第二产业比重和第三产业比重之间存在显著（$p <$ 0.01）的负相关关系，Pearson 相关系数为 - 0.765，因此本研究保留人均 GDP 对数和第二产业比重，剔除第三产业比重。

1. 多层线性模型

采用多层线性模型（HLM）方法，需要先验证模型的方差分析结果，第一层个体的差异在第二层单位之间显著时，才有可能建立多层（二层）线性模型，也即把方程分解为由个体差异产生的部分和由组间差异产生的部分。因此用在第一层和第二层都没有预测变量的零模型（Null Model），对方差成分进行分析。

第一层：

$$Y_{ij} = \beta_{0j} + r_{ij} \tag{3-5}$$

其中，下标 i 代表第一层的分析单位（专业）；j 代表第二层的分析单位（省份），Y_{ij} 表示第 j 个省份第 i 个高职专业学生的平均一般就业率（或实习对口就业率），β_{0j} 代表第 j 个省份的所有高职专业学生的总体平均一般就业率（或实习对口就业率），而 r_{ij} 则是残差项。

第二层：

$$\beta_{0j} = r_{00} + u_{0j} \tag{3-6}$$

其中，r_{00} 是截距，可以看作所有第二层分析单位（省份）的总体平均数，而 u_{0j} 则是第二层的残差或随机项。

完整模型为：

$$Y_{ij} = r_{00} + u_{0j} + r_{ij} \tag{3-7}$$

利用 HLM 软件对零模型进行初步处理，得到如下结果（见表 3-15）。

表 3-15   学生就业率的方差成分分析

	一般就业率			实习对口就业率		
	方差成分	方差比例(%)	p 值	方差成分	方差比例(%)	p 值
第二层：省份	0.00099	10.6	0.000	0.00557	5.5	0.000
第一层：专业	0.00836	89.4		0.09502	94.5	

表 3-15 显示，以一般就业率作为因变量时，方差成分估计的卡方检验的 p 值均小于 0.01，说明样本专业的学生一般就业率在各省份之间存在显著差异，也即各省份的经济产业等背景对学生一般就业率的变异有很大影响，因此应当建立多层分析模型来研究。更进一步，一般就业率的差异有89.4% 来源于省内专业类别之间的差异，而 10.6% 来源于 28 个省份之间的差异。尽管用实习对口就业率作为因变量进行分析时，省份之间依然存在显著差异，但用省际差异解释学生实习对口就业率的差异的强度减弱，只能解释 5.5% 的变异。

经过检验，本研究采用专业-省份二层线性模型，在专业层面加入专任教师比例等各投入变量，在省份层面加入人均 GDP、第二产业比重等，但笔者假定专业层面的投入变量影响专业就业产出的同时不受省份层面变量的影响，从而构建模型如下：

第一层：

$$Y = \beta_0 + \beta_1 X_1 + \cdots + \beta_8 X_8 + \beta_9 X_9 + \beta_{10} X_{10} + \beta_{11} X_{11} +$$

$$\beta_{12}SCH1 + \beta_{13}SCH2 + r \tag{3-8}$$

第二层：

$$\beta_0 = G_{00} + G_{01}LnGDP + G_{02}Indu\_2 + u_0;$$
$$\beta_1 = G_{10};\beta_2 = G_{20};\beta_3 = G_{30};\beta_4 = G_{40};\beta_5 = G_{50}; \tag{3-9}$$
$$\beta_6 = G_{60};\beta_7 = G_{70};\beta_8 = G_{80};\beta_9 = G_{90};\beta_{10} = G_{100};$$
$$\beta_{11} = G_{110};\beta_{12} = G_{120};\beta_{13} = G_{130}$$

完整模型为：

$$Y = G_{00} + G_{01}LnGDP + G_{02}Indu\_2 + \beta_1 X_1 + \cdots + \beta_8 X_8 + \beta_9 X_9 +$$
$$\beta_{10} X_{10} + \beta_{11} X_{11} + \beta_{12}SCH1 + \beta_{13}SCH2 + r + u_0 \tag{3-10}$$

关于第一层变量：Y 是样本专业学生的平均一般就业率（或实习对口就业率），X_1 至 X_{12} 代表解释一般就业率的专业内各要素投入和专业控制变量，$SCH1$ 和 $SCH2$ 是表示学校类型的虚拟变量。

关于第二层变量：$LnGDP$ 代表省份的人均 GDP 对数，$Indu\_2$ 是用来衡量该省产业结构水平的第二产业比重。

利用 HLM 软件，对式（3-10）回归，删去含有缺失值的观测值，得到完整模型结果如表 3-16 所示。

表 3-16 高职专业就业的地区环境影响（HLM 全模型）

	一般就业率		实习对口就业率	
	模型 21		模型 22	
	系数	标准差	系数	标准差
固定效应				
专业层面变量				
专任教师比例	0.024	0.028	0.377**	0.075
专任硕士后学历比例	-0.002	0.013	-0.010	0.055
专任"双师型"教师比例	-0.009	0.010	-0.029	0.050
实践课比例	0.021	0.023	0.042	0.063
精品课程比例	0.050	0.033	0.117	0.163
新教材比例	0.027	0.021	-0.066	0.062

续表

	一般就业率		实习对口就业率	
	模型 21		模型 22	
	系数	标准差	系数	标准差
顶岗实习占毕业生比例	0.021	0.013	− 0.103**	0.025
企业支持因子	0.001	0.002	0.010	0.009
新生报到率	0.053*	0.024	0.001	0.110
新生高中起点比例	− 0.003	0.011	0.080*	0.032
专业规模	0.000	0.003	0.014	0.009
公办示范院校	0.012	0.010	0.039※	0.021
民办非示范院校	− 0.032*	0.013	− 0.091	0.064
省份层面变量				
对截距的影响				
常数项	0.919**	0.006	0.607**	0.017
人均 GDP 对数	0.035**	0.012	− 0.067*	0.032
第二产业比重	− 0.001	0.001	− 0.005※	0.003
随机效应	方差成分	χ^2	方差成分	χ^2
第二层随机项	0.0008	95.6**	0.00439	67.4**
第一层随机项	0.00775		0.08354	
样本量	1068		960	

注：**表示在 1% 的水平下显著；* 表示在 5% 的水平下显著；※ 表示在 10% 的水平下显著。

当以一般就业率为产出指标时，样本规模为 1068；当以实习对口就业率为产出指标时，样本量为 960。表 3 – 16 中第二层随机项方差估计的卡方检验 p 值均小于 0.01，在 1% 的水平下显著，说明高职制造类专业的一般就业率及实习对口就业率在省份层面存在显著的差异，也即省份层面的背景因素对高职专业的一般就业率及实习对口就业率有显著的影响，应当采用多层线性模型来分析。同时，对全模型中方差成分的计算可以发现，高职制造类专业毕业生一般就业率的差异有 10.6% 来自省际差异，约 89.4% 来源于专业个体之间的差异；毕业生实习对口就业率的差异约有 5.5% 来源于省际差异，约 94.5% 来源于专业个体之间的差异。

在第一层的变量中，在控制了专业规模、声誉及生源质量等特征的条件下，添加了学校类型的虚拟变量和地区影响因素后发现，模型 21 中各投入要素对一般就业率的系数都不显著；而模型 22 中，专任教师比例对毕业生的实习对口就业率有显著的正面影响，也即专任教师比例增加 1 个百分点，实习对口就业率会提高 0.377 个百分点；顶岗实习占毕业生比例对实习对口就业率有显著的负面影响。此外，学校类型的虚拟变量系数显示，民办非示范院校相比于公办非示范院校，毕业生的一般就业率低了 0.032 个单位，这一结果在 5% 的水平下显著；而公办示范院校的一般就业率则和公办非示范院校的一般就业率没有显著差异；模型 22 中，公办示范院校的实习对口就业率相比于公办非示范院校要显著地高出 0.039 个单位，而民办非示范院校的系数为负，但并不显著，说明总体上民办非示范院校的实习对口就业率平均要低于公办非示范院校，但差异并不显著。从表 3 - 15 和表 3 - 16 的方差成分来看，专业层面内个体样本专业之间，一般就业率的方差只减少了 7.3%，实习对口就业率的方差只减少了 12.1%，说明专业层面内各投入要素对就业产出的解释力度不大。

在第二层变量中，在其他条件相同的情况下，人均 GDP 对数与制造类专业的省平均一般就业率之间显著正相关，也即人均 GDP 对数每增加 1%，制造类专业毕业生的省平均一般就业率就会增加 0.035 个单位，这可能是由于一省的经济发展良好，就有可能提供更多的工作岗位从而降低失业率，所以高职专业的毕业生受一省宏观经济形势运行良好的影响，就业机会增多。第二产业比重系数为负值，说明随着第二产业比重增加，对制造类专业的省平均一般就业率有一个负的影响，但统计上并不显著，说明产业结构水平不能很好地解释制造类专业的省平均一般就业率的差异。

当因变量为实习对口就业率时，上述情形发生变化：在其他条件保持不变的情况下，一省的人均 GDP 对数和制造类专业毕业生的实习对口就业率存在显著的负相关，也即一省的人均 GDP 越高，该省制造类专业学生的实习对口就业率就越低，这有可能是由于当地的经济形势良好，因而制造类专业学生获得了更多的实习企业以外的工作机会，在实习企业留下来的毕业生数降低；第二产业比重的系数是 - 0.005，在 10% 的水平下显著，说明第二产业比重每降低一个单位，制造类专业学生的平均实习对口就业率就会增加 0.005 个单位，二者之间是负相关关系。一个可能的解释是，第二产业比重的降低意味着同时第三产业的比重在增加，该地区的产业结构在向上升级，这会产生一个整体的外部环境压力作用于地区内的第二产业（制造业）发展，增加工业企业对技能型人才的需求，提高高职毕业生的实习对口就业率。另外也有可能是制造类企业受不利的外部环境影响，出于节省成本的考虑，更愿意多雇用一些已具备岗位实践操作技能且工资低廉的高职应届毕业生。

此外，比较表 3–15 和表 3–16 中省份层面方差的变化，可以发现人均 GDP 对数和第二产业比重的贡献率分别解释了省一般就业率差异的 19.2% 和实习对口就业率差异的 21.2%。这说明在省份层面，有一些潜在的对专业就业产出解释力强的变量并没有被吸纳到模型中来，有待于日后的进一步探索。

2. 随机前沿分析

在研究专业层面的各要素投入的生产效率的基础上，本部分采用随机前沿方法中的 BC95 模型设定（Battese & Coelli, 1995），分析院校类型特征、地区经济发展水平和产业结构水平等外部环境因素对高职制造类专业生产效率的影响。采用的模型如下所示：

$$\text{Ln}(Y_i) = \beta_0 + \beta_1 \text{Ln}X_1 + \beta_2 \text{Ln}X_2 + \cdots + \beta_{11} \text{Ln}X_{11} + V_i - U_i \qquad (3-11)$$

$$U_i = \delta_0 + \delta_1 SCH1 + \delta_2 SCH2 + \delta_3 \text{Ln}GDP + \delta_4 Indu\_2 \qquad (3-12)$$

$$TE_{it} = \exp(-U_{it}) \qquad (3-13)$$

其中，Y 为实习对口就业率，X_1、X_2、$\cdots$、X_{11} 分别代表专任教师比例、专任硕士后学历比例、专任"双师型"教师比例、实践课比例、校企合作课程比例、精品课程比例、新教材比例、顶岗实习占毕业生比例、校企合作课程比例、新生报到率、新生高中起点比例、专业在校生数等的对数形式；式 (3-12) 中，U_i 表示第 i 个专业技术无效率造成的产出损失，$SCH1$ 和 $SCH2$ 都是以公办非示范院校为参照组的虚拟变量，$Indu\_2$ 代表第二产业比重。

利用 Frontier 4.1 软件运行上面的 BC95 模型，得到高职专业生产效率的各项参数及检验结果，如表 3–17 所示。

表 3 – 17　高职专业生产效率及其外部影响因素分析（SFA）

自变量	一般就业率		实习对口就业率	
	模型 23		模型 24	
	系数	标准差	系数	标准差
L 专任教师比例	0.002*	0.003	− 0.012	0.010
L 专任硕士后学历比例	− 0.00001	0.001	0.077※	0.043
L 专任"双师型"教师比例	0.00001	0.000	− 0.004**	0.002
L 实践课比例	− 0.001	0.000	− 0.003	0.002
L 精品课程比例	− 0.00005	0.000	− 0.116**	0.011
L 新教材比例	− 0.0004**	0.000	0.000	0.004
L 顶岗实习占毕业生比例	0.0001**	0.000	− 0.025**	0.007
L 校企合作课程比例	− 0.00001	0.000	− 0.001	0.003
L 新生报到率	0.0005**	0.000	− 0.003	0.006
L 新生高中起点比例	0.0002**	0.000	− 0.011*	0.005
专业规模	− 0.001**	0.000	0.005	0.009
技术无效率方程				
常数项	7.159**	0.000	− 0.013	1.000
公办示范院校	− 0.574**	0.347	− 8.408**	1.005
民办非示范院校	0.705**	0.040	4.773**	1.005
人均 GDP 对数	− 0.899**	0.042	− 3.440**	0.970
第二产业比重	0.009*	0.042	− 0.003	0.197
σ^2	0.148**	0.004	101.575	0.999
γ	0.999**	0.000	0.999**	0.000
LR 检验值	1904.5**		2655.6**	
样本量	1127		1093	

注：1. ** 表示在 1% 的显著性水平下显著；* 表示在 5% 的显著性水平下显著；※ 表示在 10% 的显著性水平下显著。2. γ 值介于 0.9999991 至 0.9999999 间，趋近于 1，但并不完全等于 1，故此处并不四舍五入以示与 1 的区别。

从实证结果来看，γ 约等于 0.999，表明前沿生产函数的误差中有 99.9% 的成分来源于影响生产效率的可控因素，不可控因素产生的误差仅占很小的比重，且 LR 统计检验均在 1% 水平下显著，通过了单边的 1% 检验，这些都说明了采用 SFA 模型分析是有意义的，且模型设定合理。

从专业层面的投入要素的影响来看，专任教师比例对一般就业率有显著的正向影响；专任硕士后学历比例对毕业生的实习对口就业率有显著的正向影响，这都不难理解，专任教师数量的增加和学历素质的提升都有利于教学质量的提高，有助于学生在劳动力市场上实现就业。但专任"双师型"教师比例和精品课程比例对毕业生实习对口就业率的影响显著为负，并且精品课程比例的系数绝对值较大，这与笔者的预期和经验相违，有可能是制造类专业的专任教师中真正达到"双师"资格标准的数量并不理想，精品课程建设可能挤占了专业内有限的教学资源，影响了正常的教学，导致出现相反的结果，影响了毕业生的实习表现，总之，专任教师的"双师"质量和精品课程建设的影响都有待进一步的考察。

顶岗实习占毕业生比例的一般就业率产出弹性为正，但其值很小，影响十分有限。但该指标的实习对口就业率产出弹性为 -0.025，且在 1% 的水平下显著，说明顶岗实习占毕业生比例对毕业生的实习对口就业率有显著的负面影响，笔者认为正如前文所述，此处毕业生中顶岗实习学生增多，更多的是产生了一种扩大"竞争"求职群体的效用。

对式（3－12）的技术无效率方程而言，各影响因素的负号代表对技术效率有正向影响。这是本研究采用随机前沿方法 BC95 模型的重点之处。从表 3－17 可以看出，以一般就业率为产出指标，相比于公办非示范院校，公办示范院校的人才培养效率显著地高出 0.574 个单位，而民办非示范院校则要显著地低出 0.705 个单位，二者都在 1% 的水平下显著；以实习对口就业率为产出指标，可发现相比于公办非示范院校，公办示范院校的人才培养效率显著地高出 8.408 个单位，而民办非示范院校则要显著地低出 4.773 个单位，二者都在 1% 的水平下显著。总之，院校之间的生产效率存在显著差异，公办示范院校最高，公办非示范院校次之，民办非示范院校最低。

从地区的经济背景因素来看，无论是对于一般就业率还是对于实习对口就业率，人均 GDP 对数在 1% 的水平下都显著，二者均为负值，说明人均 GDP 水平与高职制造类专业的生产效率之间存在显著的正相关，制造类专业的人才培养效率随着一省人均 GDP 的增加而增加。笔者认为，这反映了经济增长对教育发展的促进作用，一省经济发展水平越高，省级政府对本省高等职业教育经费的拨款越多，越能为高职院校的发展提供资源支持，为高职专业的发展提供有利的外部宏观环境。在模型 23 中，第二产业比重的系数为 0.009，在 5% 的水平下显著，说明一省的第二产业比重与专业的生产效率（以一般就业率为产出指标）存在显著的负相关，也即第二产业比重减小，制造类专业的就业产出的技术效率程度增加。这可能是由于伴随着第二产业比重的减小，第三产业的比重上升，产业结构升级，出现了产业结构较优化的地区制造类专业的就业产出效率较高的态势。

　　在考虑了地区经济、产业环境等因素对高职制造类专业生产效率产生影响的前提下（模型 23 和模型 24），对不同类型高职院校的技术效率得分进行初步统计（见表 3 – 18）。以实习对口就业率产出为例，公办示范院校的专业生产效率最高，达到了 56.5%，其次是公办非示范院校（53.2%），而民办非示范院校在三类学校中最低，为 46.3%，与公办示范院校相差了10.2 个百分点。一般就业率产出的技术效率可以得出相似的结论。

表 3 – 18　高职院校的制造类专业生产的技术效率得分

学校类别	样本量	平均值	标准差	最小值	最大值
产出指标为一般就业率					
公办示范院校	423	0.94	0.08	0.11	1.00
公办非示范院校	557	0.91	0.10	0.40	1.00
民办非示范院校	147	0.89	0.12	0.16	1.00
产出指标为实习对口就业率					
公办示范院校	418	0.56	0.27	0	1.00
公办非示范院校	546	0.51	0.29	0	1.00
民办非示范院校	129	0.44	0.28	0	0.95

五　实证结果和讨论

（一）高职专业典型投入要素的重要性

根据前文的实证研究（结合表 3 – 15），以随机前沿方法和多层线性模型构建的生产效率分析模型为主要依据，辅以 OLS 回归结果相验证，对高职专业教育各投入要素的影响效果逐个加以总结。

（1）总体上，专任教师比例对制造类专业毕业生一般就业率有显著的正向影响。控制院校类型和地区经济背景因素，在专业其他条件不变的情况下，通过随机前沿方法（BC95 模型）可以发现专任教师比例对一般就业率有显著的正向影响；OLS 回归方程和专业 - 省份的二层线性模型结果也表明，专任教师比例对毕业生的实习对口就业率有显著的正向影响，并且线性回归的系数处于 0.38 ~ 0.60，表明该影响较强。一个例外是，民办院校中，随机前沿模型中专任教师比例对毕业生的实习对口就业率有显著的负向影响。这一方面有可能是民办院校中专任教师的素质相对较低；另一方面专任教师比例的增加意味着校外兼职、兼课教师比例的降低，也即与企业、行业联结的紧密程度下降，影响了顶岗实习企业对该校实习学生的录取比例。

（2）总体上，顶岗实习占毕业生比例对制造类专业的一般就业率有显著的正向影响，但是对毕业生的实习对口就业率呈现显著的负向影响。控制院校类型和地区经济背景因素，在专业其他条件不变的情况下，通过随机前沿方法发现顶岗实习占毕业生比例对毕业生的一般就业率有显著的正向影响，对毕业生的实习对口就业率有显著的负向影响；OLS 回归方程和专业 - 省份的二层线性模型结果也验证了上述论点。一个例外同样发生在民办院校样本中，顶岗实习占毕业生比例对毕业生的实习对口就业率有显著的正向影响，而公办院校样本截然相反。

笔者认为，顶岗实习占毕业生比例对于一般就业率和实习对口就业率呈现截然相反的影响，是顶岗实习占毕业生比例的两种不同功能的体现。其一，是增进"就业能力"的功能，这主要是对一般就业率的影响而言。顶岗实习项目可以帮助学生增强实践能力，获取书本之外的技能知识，以便毕业后快速实现从学校到工作岗位的转变。因此，顶岗实习有利于学生获取就业能力，进而提高一般就业率。其二，是求职竞争功能，这主要是针对毕业生的实习对口就业率产出而言。因为实习对口就业率是用企业录取顶岗实习（毕业）学生数与顶岗实习（毕业）学生总数之比来衡量的，因此，顶岗实习学生数占毕业生的比重增加，意味着在毕业生数一定的情况下参加顶岗实习的学生绝对数量的增加，而企业录用顶岗实习人数是有限的，并不与参加顶岗实习的学生数成比例增加，所以顶岗实习占毕业生比例增加，直接的影响就是增大了在实习企业就业的竞争群体，因此呈现负向影响。而在民办院校的特例中，这可能是由于民办院校学生顶岗实习占毕业生比例整体上远低于公办院校，此时该投入要素的求职竞争功能较弱，因此参加实习的学生数越多，对口就业的机会相应越大。

此外，顶岗实习占毕业生比例理论上说应当是一个100%的固定值，因为政策文本明确规定"高等职业院校要保证在校生至少有半年时间到企业等用人单位顶岗实习"（《国务院关于大力发展职业教育的决定》，2005）。但在现实的教育实践中出现了偏差，并不是所有的高职院校都能够达到政府规定的标准。最新的调查报告显示，2011年，顶岗实习专业覆盖率达到71.4%（麦可思研究院，2011）。因此，该指标不仅是一个反映校企合作水平的变量，同时还在某种程度上体现了该专业的办学水平。

由于教育主管部门对高职院校的学生顶岗实习工作的目标要求较高，这些高职院校的该项工作压力一直较大。而且，在现实中的校企合作过程与顶岗实习过程中，企业往往缺乏足够的动力和激励积极参与到合作中，而高职院校则比较被动，选择的余地较小，甚至为了得到某些企业的支持，不得不支付一定的实习费用。除了岗位有限的因素，地方一些企业出于功利的因素并不愿意接纳实习学生。例如，"刚刚创立的企业，希望利用实习生来完成创立初期大量繁重的简单劳动；生产和销售季节性强的企业，希望在旺季把学生当廉价劳动力使用，以弥补普通劳动力的不足，减少开支节约成本，等等。学生在这类企业中顶岗实习，工作岗位往往受到限制，一般是在技能性不太强的岗位，加班加点地重复着简单劳动，很少有轮岗机会，很少能从事专业技能较强的工作，更不用说企业的核心技术岗位。因此，学生难以完成实习计划和内容，顶岗实习的功能被变相扭曲，专业性、实效性大打折扣"（李军雄等，2010）。因此，需要考虑上述可能存在的情况，不同规模的实习学生参加什么类型的企业实习，从事的是什么性质的工作等，这些因素都可能导致实习学生并不愿意留在实习企业中就业。我们需要在未来进一步研究顶岗实习工作岗位的质量等问题。

（3）总体上，专任硕士后学历比例对毕业生的实习对口就业率有显著的正向影响。随机前沿方法的 BC95 模型和对民办院校样本的分析都发现专任硕士后学历比例的实习对口就业率的产出弹性显著为正，对一般就业率的 OLS 回归模型也验证了这一结果。可见，专任教师的学历素质对于高职专业教育的就业产出是有积极影响的。

（4）在控制了专业声誉、专业生源质量以及规模等条件下，利用随机前沿模型分析发现，民办院校和公办院校的样本中专任"双师型"教师比例对毕业生的实习对口就业率有显著的正向影响，且这一影响在民办院校表现得更为明显。但在考虑了院校类型、地区经济背景因素后，专任"双师型"教师比例与专业的实习对口就业率呈现显著的负相关关系。这与预期的结果不一致，可能是在总体样本中，专任教师中"双师型"教师的素质问题凸显的缘故。由于判定标准存在差异，现实中真正符合"双师"能力要求的专任教师的比例可能更低。

（5）对于实践课程而言，只在随机前沿分析中发现实践课比例对毕业生的实习对口就业率有显著的正向影响。而 OLS 回归分析并没有从总体平均水平上捕捉到实践课比例与就业产出的线性相关关系。尽管如此，不能忽视实践课比例对于制造类专业生产效率的显著影响。

（6）在随机前沿方法 BC95 模型中，精品课程比例对毕业生的实习对口就业率有显著的负向影响，这与非示范院校样本的分析结果一致。但在 OLS 回归分析中发现，精品课程比例与学生的就业产出，尤其是一般就业率有显著的正相关关系。笔者认为，这可能是由于精品课程数量有限（样本总体均值为 0.09），精品课程比例高的学校往往是那些办学条件好、实力强的优质学校，所以该类学校学生的一般就业率自然高。这时，精品课程比例本身更像是一个标签，发挥着一种传递学校办学水平的信号功能。所以精品课程比例对于一般就业率的随机前沿分析中，各弹性系数均不显著，精品课程比例并不能真正促进专业的效率提升。反而在非示范院校中或者从整体来看，精品课程建设有可能挤占了高职专业有限的教学资源，影响了正常的教育教学，造成效率的损耗。

（7）新版本教材占总课程所用教材的比重（新教材比例），在随机前沿总体样本模型中，新教材比例对于毕业生的实习对口就业率有显著的正向影响，这与公办院校样本得出的结论一致，非示范院校样本的结果相反。

这表明，在总体样本和公办院校中，新教材比例越高，越有可能提供最新的劳动力市场所需的技能和知识，跟上行业、企业发展对人才的需求，提高实习生留在对口企业的机会，而民办院校中，新教材比例则对产出没有显著的影响。相比于示范院校中的无显著影响，非示范院校样本中新教材比例对毕业生的实习对口就业率呈现显著的负向影响。也就是说，民办、非示范院校中新教材比例对于毕业生实习对口就业率没有显著影响或有显著的负向影响，而公办、示范院校中新教材比例对于毕业生的实习对口就业率有显著的正向影响或没有显著影响，在不同的院校之间的影响效果不同。尽管 OLS 线性回归模型显示，总体上新教材比例对于毕业生的实习对口就业率有负向影响，与笔者的预期相悖，但从研究方法的适用性出发，本研究主要以效率分析的随机前沿分析结果为准。总之，针对该变量投入，有必要未来进一步考察高职院校中，尤其是民办、非示范院校中所使用的新版本教材的质量问题，诸如出版机构和所涵盖层次以及教材类型等。

（8）总体上，企业支持因子在 OLS 回归模型中表现出对就业产出（一般就业率和实习对口就业率）的显著正向影响，公办院校样本和示范院校样本可以得到同样的结论，但在非示范院校和民办院校中，企业支持因子对就业产出则没有显著的影响。可见，企业支持因子对就业产出的影响在不同类型的学校中表现不同。这也从一个侧面反映出，平均而言，公办院校（相比民办院校）和示范院校（相比非示范院校）校企合作的水平较高，发展比较好，其强度和深度都远超出民办院校和非示范院校的校企合作水平，自然地，学生就业的成效也显著。换句话说，民办院校或者说非示范院校的校企合作水平不容乐观，需引起重视。

（9）受限于 SFA 模型而引入的校企合作课程占总课程比例（校企合作课程比例）在加入控制变量的 SFA 模型中都不显著，对就业产出都没有明显的影响。这并非一个良好的指标。

此外，从各投入要素对就业产出的显著性影响的大小（各系数绝对数值）来看，专任教师比例的影响最大，其次是精品课程比例、新教材比例、顶岗实习占毕业生比例、专任硕士后学历比例、专任"双师型"教师比例等。在高职专业教育资源投入有限的情况下，各要素的产出弹性大小不同，可以为人们如何安排优先发展的项目（投入要素）提供一些参考。

（二）院校之间专业人才培养效率的分化

无论是从一般就业率（或实习对口就业率）的产出指标来看，还是从技术效率得分来看，制造类专业的生产效率在不同类型的高职院校之间存在显著的差异。一般来说，总体上公办高职院校的生产效率要高于民办高职院校，省级/国家示范院校要高出非示范院校。再具体一些，公办示范院校的人才培养的技术效率最高，其次是公办非示范院校，民办非示范院校最低。

这并不难理解，因为在当前的中国高等职业教育现实中，能够被遴选为"国家（省级）示范性高等职业院校建设计划"的学校基本上都是重点、精英学校。2006 年《教育部、财政部关于实施国家示范性高等职业院校建设计划　加快高等职业教育改革与发展的意见》就明确提出示范院校的入选条件，应当符合"综合水平领先：办学定位明确，具备较好的师资、设备、经费等条件，教学质量好，就业质量高，有较高的社会认可度。专业建设领先：在教师队伍建设、实习实训基地建设、推行'双证书制度'、课程和教材建设等方面取得明显进展"。2006～2009 年，中央政府联合地方政府及企业行业对这一小部分高校已累计投入 100 亿元，这在客观上进一步加大了示范院校和非示范院校在办学资源方面的分化。

同时，民办高职院校在资金、专任教师队伍建设、精品课程建设以及与企业的合作关系方面都远远落后于公办高职院校。由于公办院校和民办院校与政府的亲疏关系不同，能够从中获得的政府拨款和资助以及政策优惠都存在明显的差异，不同类型的高职院校之间分化比较严重，随之表现在其就业率和技术效率得分的差距上。

高职专业人才培养效率的院校分化的另外一个重要特点在于，对于某些要素投入，在办学质量高、各方面条件好的公办、示范院校内并不发挥显著效用，但同样的资源投入各方面水平都较差的民办、非示范院校内则会得到显著的影响，且影响效应较强。例如，民办高职院校中，专任教师中硕士及以上学历教师的比重对毕业生实习对口就业率的产出弹性为 0.042（1% 水平下显著），在公办院校中这一变量投入对毕业生的实习对口就业率不存在显著影响；同样，专任教师中"双师型"教师的比重对于毕业生实习对口就业率的产出弹性在民办高校中为0.05，但在公办高校只有0.0004，二者均在5%的水平下显著。

换句话说，高职专业人才培养有效率的模式在不同类型的学校之间关注的重点不同。以民办和公办院校为例，民办院校中，对就业产出有显著性影响的投入要素主要有专任教师（专任教师比例、专任硕士后学历比例、专任"双师型"教师比例）和顶岗实习占毕业生比例；而公办院校中，对就业产出有显著性影响的主要是有关课程投入（实践课比例、新教材比例）和顶岗实习占毕业生比例。

此外，公办、示范院校的技术效率的模型参数往往都不显著或者系数值较小，模型中各投入要素对生产效率的解释能力有限。这可能是由于公办、示范院校并不遵循"最小化成本"的原则，而往往是从"最大化生产"的角度，追求预算规模、管辖范围、声誉水平等与效率产出无关的外部目标。举例来说，示范院校样本在只考虑典型的要素投入（模型中前8项投入）时，各要素的产出弹性大多是显著的，但当加入专业声誉、专业生源质量以及专业规模等控制条件后，各典型投入要素的产出弹性都不再显著。因此，虽然该类学校的办学条件好，产出水平高，但高成本、高产出的运作模式并非具备真正意义上的分配效率。

综上，不同类型的院校之间，制造类专业教育的人才培养效率模式是不同的，存在一定的层次性。民办、非示范院校因资源相对缺乏，基本的专任教师方面的投入以及顶岗实习要素对其就业产出的增加影响最大，处于一种发展初期的外延式扩张阶段；而公办、示范院校资源相对充足，但各要素配置的效率并不高，课程投入方面的改进对其就业产出的影响较明显，说明该类学校正有待于从外延扩张转入内涵建设模式，要求对专业教育的中间教学生产过程进行细化和优化。

（三）地区经济环境、产业结构的影响

通过多层线性模型分析得到以下结论。

（1）全国高职制造类专业教育的一般就业率及实习对口就业率在全国28个省份之间存在差异。具体而言，制造类专业的一般就业率差异的10.6%来源于省际差异，而毕业生实习对口就业率的差异约有5.5%来源于省际

差异。

（2）人均 GDP 对数与制造类专业毕业生的平均一般就业率之间显著正相关，高职专业的毕业生受一省宏观经济形势运行良好的影响，就业机会增多；而人均 GDP 对数和制造类专业毕业生的实习对口就业率存在显著的负相关，这有可能是由于当地良好的经济形势使得制造类专业学生获得了更多的实习企业以外的工作机会，因而制造类专业毕业生在实习企业留下的概率降低。

（3）第二产业比重与制造类专业毕业生的实习对口就业率存在显著的负相关关系（10% 的显著性水平）。一个可能的解释是，制造类企业受到整体行业、产业发展不利的影响，出于节省成本的考虑，更愿意多雇用一些已具备岗位实践操作技能且工资低廉的高职应届毕业生，并且，在整个第二产业比重下降、第三产业比重随之增加的过程中，产业结构的升级和换代也化为一个整体的外部环境压力，作用于地区内的第二产业（制造业）发展，加大工业企业对技能型人才的需求，提高高职毕业生的实习对口就业率。

从随机前沿模型对专业人才培养技术效率的估算来看，可得出以下几点结论。

（1）人均 GDP 水平与高职制造类专业的生产效率有显著的正相关关系，也即制造类专业的人才培养效率随着一省人均 GDP 的增加而增加。这体现了经济增长对教育发展的促进作用。一省经济发展水平越高，地方政府财政支出中对高等职业教育经费的拨款有可能越多，为高等职业教育的正常发展提供保障，从而为高职专业的发展提供了有利的外部宏观环境。

（2）一省的第二产业比重与制造类专业的就业产出效率存在显著的负相关关系，也即全国范围内第二产业比重越小，制造类专业的就业产出的技术效率越高。在控制住人均 GDP 水平以后，第二产业比重减小，意味着第三产业比重增大，这种产业结构较优化的地区制造类专业的就业产出效率随之增高的态势，从某种程度上反映了当前中国制造业从粗放式劳动力密集型开始朝技术知识密集型转变的趋势。

第四章　财政投入与高等职业教育发展

在示范院校建设时期，高职院校的生均财政预算内拨款逐年上升。从中央到省市地方政府纷纷出台专项资金项目，以推动高等职业教育发展。那么，这些项目资金对高等职业教育的总体发展产生了怎样的影响？本章第一部分利用全国高等职业教育经费统计数据分析了高职财政拨款水平及其结构对高职院校校企合作的影响。在第二部分和第三部分中重点讨论"国家示范性高等职业院校建设计划"对示范院校的建设效应——以生源质量的影响为例，并采用巧妙的地理空间设计，探讨示范院校对邻近普通高职院校（以下简称普通院校）的辐射效应。

一　财政经费对高等职业教育校企合作的影响

通过前面章节的研究发现，不同举办主体的高职院校在汲取资源方面存在显著差异。那么，这种资源汲取差异会对高职院校的发展产生何种影响呢？本部分以职业教育发展的关键环节——校企合作水平来衡量高职院校的办学效果，分别利用2009年和2015年的相关数据进行分析。

（一）2009年总投入和经费结构对校企合作水平的影响

利用教育部2009年"高等职业院校人才培养工作状态数据采集平台"提供的校企合作信息与2009年高职院校的经费数据连接，探讨高职院校不同的经费收入状况对办学效果——校企合作水平的影响。

在指标选取方面，首先，对数据库中的5个校企合作指标（校企合作单位个数、年共同开发课程数、年共同开发教材数、年支持学校兼职教师数和年接受毕业生就业数）进行因子分析，从中提取出了一个公因子——"校企合作因子"来综合反映不同维度的校企合作信息。其次，用财政预算内投入占总经费的比重和学费收入占总经费的比重分别反映经费结构中的财政投入水平和汲取市场资源的水平，分别用"财政预算内拨款比例"和"学费收入比例"两个变量来衡量。此外，考虑到公办院校和民办院校之间的差异，在回归模型中加入了公私性质这一虚拟变量（公办为"1"，民办为"0"）。

在控制高职院校的建校时间、占地面积和在校学生总数等条件下，经费收入与校企合作因子的回归结果见表4-1，其中模型1到模型4的样本量均为1015所，模型5和模型6为子样本。

表4-1　经费结构对高职校企合作水平的影响（2009年）

	模型1	模型2	模型3	模型4	模型5	模型6
在校学生总数	0.335***	0.311***	0.337***	0.286***	4.055***	7.231***
占地面积的对数	0.017	0.018	0.014	0.021	-0.922	0.950
建校时间	0.073***	0.075***	0.076***	0.076***	-1.166	2.825***
总投入	0.251***	0.260***	0.253***	0.291***	-0.132	7.990***
财政预算内拨款比例	0.061**	-0.022				
学费收入比例			-0.032	0.088**	-0.002	2.755***
公私性质		0.120***		0.162***		
调整后的 R^2	0.314	0.320	0.311	0.323		
样本量	1015	1015	1015	1015	215	800

注：* 表示在0.1的水平下显著；** 表示在0.05的水平下显著；*** 表示在0.01的水平下显著。

模型1和模型2考察了财政预算内拨款比例对校企合作水平的影响。模型1中总投入对校企合作水平有显著的正向影响，总投入每增加1000元，校企合作因子即提高0.251个标准差；在控制在校学生总数和总投入不变的情况下，财政预算内拨款比例每增加1个百分点，校企合作因子即提高0.061个标准差。模型2引入院校公、私类型作为控制变量，发现总投入对校企合作的影响仍然存在，但财政预算内拨款比例的影响不再显著。在分别对公办院校和民办院校子样本回归后也发现财政预算内拨款比例对校企合作因子的影响是不显著的。可见，财政预算内拨款比例对校企合作的影响主要是由公办院校和民办院校之间在财政拨款方面的巨大差异造成的。

模型 3 和模型 4 讨论的是学费收入比例对校企合作水平的影响。模型 3 发现，总投入对校企合作水平有显著的积极影响，学费收入比例是不显著的；模型 4 引入了院校公、私类型作为控制变量后发现，学费收入比例变得显著。为进一步细分学校类型对这一效应的影响，模型 5 和模型 6 则分别对民办院校子样本和公办院校子样本进行分析，发现学费收入比例只在公办院校中有显著效应。在公办院校中，在控制在校学生总数和总投入等其他条件不变的情况下，学费收入比例越高，校企合作水平也随之越高。这可能是由于在公办院校中，对学费依赖性比较强的院校多是由国有企业、中央部门和省级非教育部门举办，这些高职院校天然地与企业、行业有着紧密联系。这种效应之所以在民办院校并不显著，是因为民办院校虽然高度依赖学费，感受到的市场竞争压力更强，但缺乏与企业合作的良好基础。

总之，在控制在校学生总数等其他变量的条件下，总投入总体上对校企合作水平有显著的积极影响，尤其是对于公办院校而言；在总投入一定的情况下，财政预算内拨款比例对于高职院校的校企合作水平并没有显著影响；学费收入比例对于公办院校则有显著的正向影响，民办院校则不然。

（二）2015 年总投入和经费结构对校企合作水平的影响分析

利用 2016 年全国高职院校的质量年报中提出的校企合作信息与 2015 年高职院校的经费数据连接，探讨高职院校不同的经费收入状况对其校企合作水平的影响。受限于数据的可得性，在此处仅用来自"企业的兼职教师所授课程占总课程的比重"来衡量高职院校的校企合作水平。

在指标选取方面，用在校学生总数来控制院校规模，用高职院校是否在 2006 年已经建校构造了一个"建校超过 10 年"的虚拟变量（是 = 1，否 = 0），用生均教育经费收入来反映学校投入的经费水平，用财政预算内投入占总经费的比重和学费收入占总经费的比重分别反映经费结构中的财政投入水平和汲取市场资源的水平，分别用"财政预算内拨款比例"和"学费收入比例"两个变量来衡量。此外，考虑到高职院校的差异，将地区分为四类，以中部省份为参照组，分别控制了是否为东北地区、是否为东部地区、是否为西部地区。还重点加入了不同举办主体的高职院校类别，以民办院校为参照组，其他组别分别是地方教育部门办、地方其他部门办、地方企业办、地市级及以下政府办和中央部门办。

在控制院校规模、建校时长和学校地区等一系列变量的条件下，分别用生均教育经费投入、财政预算内拨款比例和学费收入比例对企业的兼职教师所授课程占总课程的比重进行稳健性回归，得到模型 1 至模型 3 的结果（见表 4 - 2）。在此基础上，加入不同举办主体虚拟变量，得到模型 4 和模型 5 的结果。

表 4 - 2　经费结构对高职校企合作水平的影响（2015 年）

	模型 1	模型 2	模型 3	模型 4	模型 5
在校学生总数	0.001 ***	0.001 ***	0.001 ***	0.001 ***	0.001 ***
建校超过 10 年	3.37 ***	3.27 ***	3.20 ***	2.67 **	2.71 **
生均教育经费投入	3.47e-6 ***	2.87e-6 ***	2.62e-6 ***	2.24e-6 ***	2.14e-6 ***
财政预算内拨款比例	.	4.37 **		1.97	
学费收入比例			- 6.83 ***		- 4.04
不同举办主体（参照组：民办）					
地方教育部门办				1.88	1.01
地方其他部门办				5.82 **	4.95 *
地方企业办				3.89	2.88
地市级及以下政府办				0.54	- 0.36
中央部门办				11.35 *	9.91
地区控制变量	YES	YES	YES	YES	YES
调整后的 R^2	0.071	0.083	0.086	0.105	0.108
样本量	1082	1082	1082	1082	1082

注：1. * 表示在 0.1 的水平下显著；** 表示在 0.05 的水平下显著；*** 表示在 0.01 的水平下显著。2. 生均教育经费投入的系数为科学记数法。3. 控制变量为地区。

模型 1 表明，生均教育经费投入对企业兼职教师的课时占比有显著的积极影响，但这一影响程度较为微弱。财政预算内拨款比例或学费收入比例进入模型后，生均教育经费投入的解释力度下降，总的模型的拟合优度上升，说明财政资源的汲取水平和市场资源的汲取水平可以更好地解释校企合作水平。模型 2 发现，财政预算内拨款比例越高，学校的校企合作水平越高。模型 3 发现，学费收入比例越低，学校的校企合作水平越高，这与表 4 - 1 的结论相反。

加入不同举办主体变量进行控制以后发现，不论是财政预算内拨款比例还是学费收入比例都对企业兼职教师的课时占比没有显著影响（模型 4 和模型 5）。说明财政预算内拨款比例或者学费收入比例对校企合作的影响都被不同举办主体之间的院校拨款差异所解释了。

单独以公办院校作为子样本进行回归发现（结果略），生均教育经费投入仍然对校企合作水平有微弱的显著积极影响，但学费收入比例对校企合作水平没有显著积极影响。这与表 4 - 1 的结论也不一样，也就是说，公办院校内部汲取市场资源水平的差异并未对其校企合作水平产生显著影响。

总之，2015 年的数据分析结果表明，总体来看，高职院校的生均教育经费投入越高，其用企业兼职教师的课时占比来衡量的校企合作水平也就越高，但这一影响效果比较弱。高职院校的办学主体差异导致其汲取市场资源水平和财政资源水平出现较大分化。在控制不同的举办主体后，其财政预算内拨款比例和学费收入比例对校企合作水平没有显著影响。

二　示范院校建设对专业的课程建设和校企合作的影响[①]

在高等职业教育领域，中央政府从 2006 年开始，以"国家示范性高等职业院校建设计划"为起点，开始通过一系列"项目制"的方式支持高等职业教育的发展，投入大量的公共财政资金开展重点项目建设。这些项目取得了一系列突出的成就，建成了一大批办学条件好、教学质量高的先进院校（郭建如、周志光，2014）。

"国家示范性高等职业院校建设计划"于 2006 年由教育部、财政部联合启动，重点支持 100 所国家示范院校建设，三年一批分三批推进。在 100

---

① 本部分内容节选自笔者和指导的硕士研究生涂晓君共同完成的文章《国家示范性高职院校建设的效果回顾——基于专业层面的课程建设和校企合作分析》（《当代职业教育》2019 年第 4 期）。

所国家示范院校中，中央选择 500 个左右"办学理念先进、特色鲜明、就业率高"的专业进行重点支持。重点建设内容包括"造就一批基础理论扎实、教学实践能力突出的专业带头人和教学骨干"，"建设一批融教学、培训、职业技能鉴定和技术研发功能于一体的实训基地或车间"，"合作开发一批体现工学结合特色的课程体系"，"形成 500 个以重点建设专业为龙头、相关专业为支撑的重点建设专业群"等①。2010 年 7 月，在"国家示范性高等职业院校建设计划"的基础上，教育部、财政部又新增了 100 所骨干高职院校建设计划，分三批推进。据教育部官方数据，"2006～2015 年，中央财政累计投入专项资金 45.5 亿元，拉动地方财政投入 89.7 亿元，行业企业投入 28.3 亿元，在全国支持了 200 所国家示范（骨干）高职院校重点建设了 788 个专业点"（中华人民共和国教育部，2016b）。

伴随着示范院校建设的深入，学者们纷纷对示范院校建设的效果进行了评估。如李海斌等对首批示范院校的兼职教师数据进行分析，发现其来源存在散乱状态、聘用缺乏长期规划等问题（李海斌等，2011）。李科使用数据包络分析法对 28 所首批示范院校建设的绩效相对有效性做了研究，发现样本高职院校总体效率一般（李科，2010）。随后，李科等又通过构建典型相关模型，定量分析了第二批示范院校投入要素与产出水平的相关程度，发现项目院校投入的专任教师数量与质量对绩效产出水平影响最大，而项目院校的课程建设水平及其社会认可度还有待提高（李科等，2011）。金鑫和王蓉利用双重差分方法分析了示范院校建设对于校企合作人才培养模式的改革效果，发现示范院校建设并未有效提升校企合作的办学水平，随着示范院校的建设，校企合作水平整体呈现"升－降－升－降"的趋势（金鑫、王蓉，2013）。童卫军依据"高等职业院校人才培养工作状态数据采集平台"等资料，撰写了骨干高职院校建设绩效评估报告，指出骨干高职院校建设项目在人才培养质量、专业建设、办学基础条件、人才队伍优化及增强服务能力等指标上都达到了不错的效果（童卫军，2016）。

这些研究围绕师资、办学条件、课程建设、校企合作等方面对示范院

---

① 《教育部、财政部关于实施国家示范性高等职业院校建设计划　加快高等职业教育改革与发展的意见》（教高〔2006〕14 号）文件。

校建设的效果进行分析，限于数据的可得性问题，都是以院校层面的信息数据为研究对象进行分析，并未真正深入专业建设层面，而示范院校建设恰恰是以专业为财政资助的瞄准对象。因此，已有的实证研究以示范院校的数据信息代替受资助专业的数据信息，不可避免地会产生偏差，并不能提供精准的评估效果。

在专业层面，"国家示范性高等职业院校建设计划"对高职的人才培养产生了何种影响？本部分希望通过构建一个高职专业层面的数据库，利用双重差分模型对示范院校建设的政策效果进行因果分析。这有助于我们理解高职的重点建设模式下微观专业建设层面的提升机制，为后续类似的专项项目出台提供政策依据。另外，探讨高职专业层面的人才培养变革，是对我国职业教育中间生产过程研究的有益补充。

（一）数据与研究方法

1. 样本来源与变量

本部分数据来自"高等职业院校人才培养工作状态数据采集平台"（2008 年和 2010 年）。由于数据年份的有限性，本部分仅以第三批示范院校为例，分析示范院校建设政策对项目院校受资助专业的影响效果。因此，本部分的研究对象（即实验组）是 2008 年立项的第一期第三批示范院校，并以 2010 年获得立项的第二期第一批骨干高职院校（以下简称骨干院校）作为对照组。[①] 之所以选取第一批骨干院校作为对照组，是因为第一批骨干院校是紧接着第三批示范院校进入项目建设名单的，并且许多骨干院校当时也参与了第一期项目的竞争，可以说第一批骨干院校是与第三批示范院校发展水平最为接近的一批院校。从时间来看，在 2008 年，第三批示范院校的示范专业刚获得资助，尚未开始专业建设；而第一批骨干院校的受资助专业在此时未立项、未接受任何资助。因此，这两类学校的受资助专业的建设水平可以视作基期水平。到 2010 年，第三批示范院校的受资助专业已经完成相关建设，而此时的第一批骨干院校的受资助专业刚进入立项名

---

① "国家示范性高等职业院校建设计划"分两期推进，每期分三批建设，第一期在 2006 年开始立项建设，到 2008 年完成第三批示范院校的立项建设，第二期第一批（即第一批骨干院校）在 2010 年开始立项建设。

单，建设尚未开始。由此，2008～2010 年这两类院校在受资助专业建设上的变化构成了一个"准自然实验"。

2008 年和 2010 年的学校样本和受资助专业样本分布如表 4 - 3 所示。

表 4 - 3　二类院校两年样本情况

	2008 年数据	2010 年数据
样本学校数	70 所（包括 30 所示范院校和 40 所骨干院校）	70 所（包括 30 所示范院校和 40 所骨干院校）
专业类层面样本量		
示范院校资助专业类	79	79
骨干院校资助专业类	115	115

资料来源：整理自"高等职业院校人才培养工作状态数据采集平台"。

参照示范院校建设的具体任务目标，选取课程的三个指标作为衡量课程发展水平的变量，包括：①总开设课程数；②校企合作课程占比；③B + C 类课程占比[①]。类似地，选取校企合作的六个指标作为衡量校企合作水平的变量，包括：①合作企业数；②订单培养学生数；③共同开发课程数；④共同开发教材种数；⑤支持学校兼职教师数；⑥接受顶岗实习学生数。

控制变量包括项目院校所在地区、学校的主办单位以及受资助专业所属的产业等。

2. 研究方法与模型选取

本研究采用双重差分分析方法（Difference-In-Difference，DID）来评估示范院校建设在推动项目院校受资助专业的课程设置和校企合作方面的作用。双重差分模型是基于自然实验得到的数据，通过将"前后差异"和"有无差异"有效结合，在一定程度上控制了某些除干预因素以外其他因素的影响；同时在模型中加入其他可能影响结局变量的协变量，又进一步控制了实验组和对照组中存在的某些"疑似"影响因素，来弥补"自然实验"在样本上不能完全随机这一缺陷，因而得到对干预效果的真实评估（叶芳、王燕，2013）。此方法得到无偏估计的前提是"相同趋势假设"成立，即必

---

① B 类课程表示"理论 + 实践"课，C 类课程表示纯实践课。

须找到特征相近且发展趋势相同的实验组和对照组。

示范院校建设采用了按年度、分地区、分批次推进的方案，"择优"逻辑的存在，意味着相邻批次的项目院校获得资助前在办学条件、师资、课程设置与校企合作等方面的发展水平相近，因而可以将示范院校建设视为"准自然实验"。在反事实分析框架下，可以通过比较实验组接受干预时在干预前后的表现差异和该组未接受干预时在干预前后的表现差异来定义干预效果。在"相同趋势假设"（无政策干预情况下，实验组和对照组将沿着相同趋势发展）下，干预效果可以定义为：

$$\delta = E(\,Y_{t+1}^{1} - Y_{t}^{0}\,|\,D = 1) - E(\,Y_{t+1}^{0} - Y_{t}^{0}\,|\,D = 0) \qquad (4-1)$$

通过双重差分方法来确定干预效果 δ，模型具体表述如下：

$$Y_i = \alpha_0 + \alpha_1 \times D + \alpha_2 \times T + \delta \times D \times T + \alpha_3 X_i + \varepsilon_i \qquad (4-2)$$

其中 Y_i 是以课程和校企合作指标为代表的一系列专业建设成果，D 表示是否为实验组，$D = 0$ 时代表第一批骨干院校（对照组），$D = 1$ 时表示第三批示范院校（实验组）；T 是代表时间点的虚拟变量，$T = 0$ 时表示 2008 年，$T = 1$ 时表示 2010 年；δ 是时间和是否为受资助专业类的交互项系数，即示范院校建设项目对第三批示范院校的政策影响效果，也即本研究所关注的核心指标；X_i 为可观测的一系列特征变量，包括地区、专业所属产业、举办单位等变量；ε_i 为干扰项。

利用这一双重差分模型，对 2008 年和 2010 年的数据进行计算，可以有效识别第三批示范院校的受资助专业类在课程与校企合作上的改革效果。

3. 变量的基本特征

本部分所涉及的主要变量的基本特征如表 4 - 4 所示。

从均值的变化来看，2008 年示范院校在校企合作课程占比、共同开发课程数、支持学校兼职教师数、接受顶岗实习学生数上稍高于骨干院校，在总开设课程数、B + C 类课程占比、合作企业数、订单培养学生数、共同开发教材种数上略低于骨干院校，两类院校的总体差异不大。到 2010 年，示范院校的建设水平得到了较大提升，其总开设课程数、共同开发课程数和共同开发教材种数提高尤为明显，并且在多数指标上均优于骨干院校；但示范院校在订单培养学生数和接受顶岗实习学生数上低于骨干院校，其至低于其在 2008 年的水平。可以初步认为，经历两年的建设，示范院校在课程建设上取得了一定的成效，但校企合作的规模还有待进一步提升。

表 4-4　二类院校的主要变量特征

年份	变量	示范院校			骨干院校		
		样本量(个)	均值	标准差	样本量(个)	均值	标准差
2008	总开设课程数（门）	62	65.65	45.13	95	70.25	61.73
	校企合作课程占比	62	0.163	0.173	95	0.144	0.184
	B+C 类课程占比	62	0.736	0.173	95	0.779	0.170
	合作企业数（家）	66	12.20	14.49	93	12.74	15.04
	订单培养学生数（人）	66	94.80	151.51	93	108.60	149.06
	共同开发课程数（门）	66	5.67	8.00	93	5.19	8.21
	共同开发教材种数（种）	66	2.74	4.82	93	3.06	4.72
	支持学校兼职教师数(人)	66	21.5	53.10	93	15.90	21.19
	接受顶岗实习学生数(人)	66	242.24	278.87	93	227.25	232.88
2010	总开设课程数（门）	73	88.34	61.77	40	74.45	56.08
	校企合作课程占比	73	0.251	0.180	40	0.211	0.215
	B+C 类课程占比	73	0.779	0.145	40	0.805	0.181
	合作企业数（家）	78	12.96	11.95	74	12.89	15.47
	订单培养学生数（人）	78	71.37	117.10	74	135.32	141.48
	共同开发课程数（门）	78	11.08	11.74	74	6.31	6.95
	共同开发教材种数（种）	78	8.65	10.44	74	7.49	22.51
	支持学校兼职教师数(人)	78	24.53	38.71	74	16.30	17.28
	接受顶岗实习学生数(人)	78	227.64	231.96	74	258.76	247.07

表 4-5 是对模型估计中的控制变量进行的简单描述统计分析。从所在地区来看，样本中示范院校的数据主要来自东部，中西部较少，骨干院校数据主要来自东部和中部，西部较少；从三次产业来看，示范院校和骨干院校的样本数据主要分布在第二产业，其次是第三产业；从举办单位来看，示范院校的样本以地方教育部门办为主，其次是地方其他部门办，骨干院校的样本以地方其他部门办为主，其次是地方教育部门办。

表 4 - 5　二类院校控制变量的描述性统计

单位：所，%

所在地区	东部		中部		西部	
	37 (46.84)	43 (37.39)	19 (24.05)	43 (37.39)	23 (29.12)	29 (25.21)
三次产业	第一产业		第二产业		第三产业	
	11 (13.92)	11 (9.57)	50 (63.29)	74 (64.35)	18 (22.78)	30 (26.09)
举办单位	地方教育部门办		地方其他部门办		企业办学	
	38 (48.10)	52 (45.22)	33 (41.77)	61 (53.04)	8 (10.13)	2 (1.74)

注：1. 表中所有数据分两列，左列均为示范院校数据，右列均为骨干院校数据，因两年数据一致，考虑篇幅，仅就 2010 年数据进行描述。2. 括号外数据为样本量，括号内数据为所占比例。

（二）实证结果与分析

1. 示范院校建设中的课程开发水平

分别把课程设置变量依次代入模型（4 - 2），并进行 DID 分析得到结果如表 4 - 6 所示。

表 4 - 6　示范院校建设计划对受资助专业"课程设置"的影响效果

政策效果	总开设课程数	校企合作课程占比	B + C 类课程占比
受资助专业控制变量	0.263 ***	0.139 **	- 0.021
时间控制变量	0.046	0.147 ***	0.079 **
时间与受资助专业交互项	0.136 **	0.069	0.032
东部	0.077 **	0.036	0.023
西部	0.045	- 0.102 **	- 0.138 **
第二产业	0.271 **	- 0.191 **	- 0.152 *
第三产业	0.252 **	- 0.199 **	- 0.267 **
地方教育部门办	0.176 **	0.221 **	0.349 ***
地方其他部门办	0.066	0.227 ***	0.503 ***
观测值 N	921	921	921
R^2	0.1634	0.1024	0.1203

注：* 表示 $p < 0.1$，** 表示 $p < 0.05$，*** 表示 $p < 0.01$。

由表4-6可知，相较于对照组（第一批骨干院校），第三批示范院校的受资助专业经过三年的建设周期在课程建设方面的效果并不理想。具体而言，在相应控制变量不变的情形下，从交互项系数（政策干预效果）来看，剔除了固定效应与时间趋势的影响，第三批示范院校的受资助专业与第一批骨干院校的受资助专业的差异仅在总开设课程数上显著（在0.05的显著性水平下显著），并且是正值，也即有了显著的增加。而B+C类课程占比与校企合作课程占比两个指标并不显著，也即第三批示范院校的实践类课程在总课程中的比重和校企合作课程在总课程中的比重，均与对照组没有显著差异。也就是说，示范院校建设对项目院校受资助专业的课程建设的影响仅体现在总开设课程数的增加上，而在课程结构中校企合作课程占比和B+C类课程占比并没有明显改善。

2. 示范院校建设中的校企合作水平

类似地，分别把校企合作变量依次代入模型（4-2），并进行DID分析得到结果如表4-7所示。

表4-7　示范院校建设计划对受资助专业"校企合作"的影响效果

政策效果	合作企业数	订单培养学生数	共同开发课程数	共同开发教材种数	支持学校兼职教师数	接受顶岗实习学生数
受资助专业控制变量	-0.020	-0.030	0.038	0.003	0.105	0.039
时间控制变量	-0.009	0.084	0.064	0.175**	0.015	0.043
时间与受资助专业交互项	0.031	-0.142	0.203**	0.056	0.029	-0.060
东部	0.108	-0.032	0.196**	0.024	0.063	-0.068
西部	-0.128*	-0.212**	-0.101	0.008	-0.142**	-0.147**
第二产业	0.035	0.162*	0.044	0.091	0.121	0.167*
第三产业	0.065	-0.013	0.123	0.136	0.238**	0.121
地方教育部门办	0.165	0.144	0.256*	0.161	0.115	0.077
地方其他部门办	0.068	0.095	0.246*	0.215	0.186	0.008
观测值 N	311	311	311	311	311	311
R^2	0.0571	0.0889	0.1633	0.0563	0.0875	0.0367

注：* 表示 $p < 0.1$，** 表示 $p < 0.05$，*** 表示 $p < 0.01$。

从交互项系数来看，剔除了固定效应与时间趋势的影响，第三批示范院校的受资助专业与对照组相比，校企合作水平的 6 个因变量指标只有共同开发课程数在 0.05 的显著性水平下显著，有了显著的增加；而合作企业数、订单培养学生数、共同开发教材种数、支持学校兼职教师数和接受顶岗实习学生数等都不显著，也即与对照组相比没有显著差异。换句话说，第三批示范院校建设对其受资助专业在校企合作上的影响效果，更多的是体现在共同开发课程数上，在其他方面的提升效果则不明显。

考虑本部分选取了 6 个校企合作的指标，为了更好地理解和认识第三批示范院校建设对其受资助专业在校企合作上的促进效果，笔者通过因子分析对其进行了降维处理，构建了"课程教学合作"和"校企合作规模"两个公因子代入上述模型中进行 DID 分析，结果发现不显著。[①] 也就是说，相较于对照组，第三批示范院校建设对其受资助专业在校企合作上的促进效果仅表现在共同开发课程数这一维度上，校企合作的程度不够深入。

（三）结论与启示

本研究首次采用院校内部微观数据，深入专业建设层面，通过巧妙地设置对照组——以第一批骨干院校受资助专业为对照组，利用双重差分模型来考察示范院校建设项目对受资助专业的课程设置和校企合作水平的影响。

实证结果显示：首先，在课程设置方面，示范院校建设项目对第三批示范院校受资助专业的建设效果主要表现为总课程数量的增加，实践类课程与校企合作课程在总体中所占比重没有显著变化，也即课程设置结构并没有得到进一步优化；其次，在校企合作方面，示范院校建设项目的建设效果主要体现在校企双方合作开发的课程数量有了明显增加，而在其他方面，诸如订单培养学生数和支持学校兼职教师数等方面，并没有明显的变化；最后，鉴于总开设课程数和 B + C 类课程占比并没有明显变化，可以推断出，实践课程数量也没有明显提升。

总体上，经过三年的项目建设，第三批示范院校受资助专业的课程建

---

① 限于篇幅，结果省略，欢迎感兴趣的读者向作者索要。

设和校企合作建设从量化数据指标来看，课程开发的数量有了明显增加，包括校企合作开发课程和实践类课程，表现为一种课程建设的规模数量变化。但总体上课程建设和校企合作水平的提升幅度并不明显。出现这一结果可能的原因有：第一，本研究主要是基于 3 年的数据所做的短期专业建设的效果分析，而无论是课程建设还是校企合作水平提升都需要一个长期累积和努力的过程，尤其涉及人才培养模式的深度改革，需要在较长一段时间内才能真正显现改革的效果；第二，在短期内项目院校更容易出成果的可能就在于课程开发的规模上，而对于课程设置结果涉及质量方面则需要更多的时间和精力才能完成；第三，第三批示范院校和第一批骨干院校可能在项目建设中会有一些联系交流，对于对照组的办学产生一些影响，可能会造成项目建设效果的低估。

对于"国家示范性高等职业院校建设计划"实施的效果，教育部和财政部的验收结果是，多数院校被评为优秀和良好，同时有少部分学校被鉴定为通过或者二次验收通过。两部的评价重点在项目学校的校企合作机制创新、人才培养模式改革和项目预算执行情况等方面，属于一种综合性评价。这与本书的实证评估结果并不矛盾，两部的验收考核是单纯依据项目院校自身建设的成果进行评估，而本研究则是选取了一批最接近项目院校受资助专业建设水平的高职专业作为对照组，以准确测量出示范院校建设的政策影响效果。通过 DID 这一因果分析方法发现，至少在短期内（三年项目建设），单纯依靠财政专项资金的大力投入而取得课程建设和校企合作水平的提升效果是有限的。这可能也与示范院校政策效果的边际效用递减有关。有研究发现，随着示范院校建设项目的逐年推进，后来批次的申请院校更可能将申报验收过程视为一个"做材料"的过程；围绕项目的相关权力在由作为发包方的教育部主管机构向作为中间方的省级政府，特别是向作为承包方的示范院校转移；这一权力配置的变化导致示范院校的成效最终要依赖于高职院校内部的项目执行方式，这也是为什么不同批次，甚至同批次项目效果差异很大的一个原因（郭建如、周志光，2014）。

三 示范院校建设对生源质量的影响[①]

"国家示范性高等职业院校建设计划"是国家财政投入支持高等职业教育建设的标志性事件。2005 年,《国务院关于大力发展职业教育的决定》(国发〔2005〕35 号)明确提出,要实施示范院校建设计划,"大力提升这些学校培养高素质技能型人才的能力,促进它们在深化改革、创新体制和机制中起到示范作用,带动全国职业院校办出特色,提高水平"。为贯彻这一精神,2006 年教育部和财政部启动了"国家示范性高等职业院校建设计划",遴选出 100 所高水平国家示范院校。中央和地方政府及相关行业企业投入约 100 亿元进行项目建设,旨在促使示范院校在办学实力、教学质量、管理水平、办学效益和辐射能力等方面有较大提高,最终实现其总体目标,即"发挥示范院校的示范作用,带动高等职业教育加快改革与发展,逐步形成结构合理、功能完善、质量优良的高等职业教育体系,更好地为经济建设和社会发展服务"(中华人民共和国教育部,2016a)。在第一期项目建设的基础上,2010 年教育部和财政部新增了 100 所骨干院校,继续以专项资金来支持,实施了第二期"国家示范性高等职业院校建设计划"。2015 年最后一批骨干院校接受验收,标志着"国家示范性高等职业院校建设计划"正式结束。

(一) 问题提出

"国家示范性高等职业院校建设计划"作为职业教育领域一项里程碑式的改革举措,对我国高等职业教育的发展影响深远。但学术界对该项目实施效果的研究并不充分,已有的文献主要聚焦于项目在申请建设时期所暴露出的问题等。例如,贺武华(2011)指出示范和骨干院校在遴选与评审中明显呈现"重评审、轻建设"问题,其实质上是争夺政策资源的过程。金鑫和王蓉(2013)的研究也证实了这一点,她们通过实证分析发现,第

[①] 本部分内容节选自笔者与合作者周森、魏易共同完成的文章《示范校建设对高职院校生源质量的影响——基于双重差分的实证分析》(《教育与职业》2019 年第 7 期,第 57～62 页),内容有删减。

一期的示范院校建设并未有效提升示范院校的校企合作水平，并且示范院校的各项指标在申请阶段和验收阶段有所上升，而在获得示范资格和通过验收后有所下降，其实质仍在于获得和保持"示范"资格的环节。限于数据的可得性，目前还未有从学生质量的角度评估示范院校建设影响的研究。而学生的质量，尤其是生源质量才是一所学校发展的根基。笔者将高考录取分数作为高职生源质量的主要衡量指标，基于 2008 ~ 2011 年全国高职高专院校录取的学生高考分数数据，分析示范院校建设项目对院校生源质量造成的影响，以丰富示范院校建设效果评估的实证研究，并为当下的职业教育政策制定与决策提供参考。

本部分研究的具体问题如下：项目建设对示范院校的生源质量有何影响？与普通院校（即非示范院校）相比，二者之间的生源质量差距呈现怎样的变化趋势，是在扩大还是缩小？不同批次示范院校的招生质量是否有所不同？

（二）数据与研究方法

1. 数据来源与样本选取

本研究数据一部分来自 2008 ~ 2011 年《全国普通高校分专业招生录取分数线》数据，包含学生进入的学校、生源地、高考分数、文理科等个人信息；另一部分来自"高等职业院校人才培养工作状态数据采集平台"中 2008 年的数据，提供了高校层面的控制变量，包括学校类别、办学主体、所在地区以及师生规模等。汇总后，2008 年高职院校的样本量为 1139，2009 年为 1177，2010 年为 1215，2011 年为 1175。

其中，各批次示范院校建设情况如表 4 - 8 所示。

表 4 - 8　各批次示范院校建设进度

	2008 年	2009 年	2010 年	2011 年
第一批示范院校	27 所（第二个建设周期）	27 所（第三个建设周期）	27 所（已完成建设）	27 所（已完成建设）
第二批示范院校	40 所（第一个建设周期）	40 所（第二个建设周期）	40 所（第三个建设周期）	40 所（已完成建设）

	2008 年	2009 年	2010 年	2011 年
第三批 示范院校	30 所 （未开始建设）	30 所 （第一个建设周期）	30 所 （第二个建设周期）	29 所 （第三个建设周期）
第一批 骨干院校	39 所 （普通）	39 所 （普通）	39 所 （未开始建设）	39 所 （第一个建设周期）
第二批 骨干院校	29 所 （普通）	30 所 （普通）	30 所 （未开始建设）	29 所 （未开始建设）
第三批 骨干院校	29 所 （普通）	29 所 （普通）	30 所 （未开始建设）	30 所 （未开始建设）

资料来源：整理自《全国普通高校分专业招生录取分数线》（2008～2011 年）数据。

因变量为用各高职院校每年在各省所录取学生的平均高考分数来衡量的高职院校的招生质量。由于各省的高考试卷不同、总分不同、不同年份的试题难易程度不同，本研究在模型中加入省份与年份的固定效应，以控制由省份和年份不同所导致的高考分数差异。同时，本研究还使用了录取学生的高考平均分数排名，更好地体现学生质量的相对变化。

自变量为院校是否为示范、骨干院校，以及为第几批次的示范、骨干院校。由于数据缺失，本研究仅包含 97 所示范院校、98 所骨干院校，以及近 1000 所普通院校。

2. 双重差分模型与固定效应模型

本部分采用双重差分模型（DID）和固定效应模型估计示范院校建设计划这一政策对学校招生质量的影响。双重差分模型对政策实施效应的估计采用"政策实施后示范、骨干院校与普通院校学生质量的差异"减去"政策实施前示范、骨干院校与普通院校学生质量的差异"，也可以理解为"示范、骨干院校在政策实施前后学生质量的差异"减去"非示范、骨干院校在政策实施前后学生质量的差异"。这一估计方法既控制了示范、骨干院校与非示范、骨干院校间原本的差异，又控制了在政策实施过程中随着时间变化，除政策之外的其他因素可能对所有高职院校都会产生相同影响的差异，从而对示范、骨干院校建设政策的效应进行更为精确的估计。本部分所用模型不仅对后一差异采用年份固定效应模型加以控制，而且加入省份的固定效应。省份固定效应可控制各省间不同的、会对省内高校产生同样影响的因素，以求对政策效应的估计更为精准。

考虑高职院校之间原本存在的差异，加入高校层面的控制变量，包括学校类别、办学主体、所处地区、学校面积、年收入、年支出、建校年数和专任教师数。此外，由于招生名额的属地分配机制，高职院校往往会分配大量名额用于本省招生，导致省内平均学生分数低于省外学生分数。因此，本研究也控制高职院校是否为本省高职院校。

回归模型如下：

$$Y_{its} = \beta P_i + \gamma T_{it} P_i + \theta X + \Gamma + Z + \varepsilon_{it} \tag{4-3}$$

其中，Y_{its} 表示学校 i 在时间 t 省份 s 所招学生的平均高考分数；T_{it} 表示在时间 t 学校 i 是否已经开始进行示范院校建设；P_i 代表学校 i 是否为示范院校；X 为学校层面的控制变量矩阵；Γ 为年份固定效应；Z 为省份固定效应。参数 β 估计的是示范院校与普通院校本身的差异；参数 γ 即我们要估计的示范院校政策的实施对招生质量的影响。

为进一步估计不同批次的示范院校建设效果，在模型中加入批次变量，以及批次变量与时间 T 的交互项。受所得数据的限制，本研究只能估计骨干院校第一建设周期的影响。

（三）研究发现

1. 初步发现

在未考虑省份高考试题、高考总分差异的情况下，经初步统计发现，2008 年，第一批示范院校平均录取分数比普通院校高出 24 分，该差异不断增大，至 2011 年为 38 分。各批次的示范、骨干院校与普通院校的平均录取分数差异均呈现逐年增加的趋势（见表 4-9、表 4-10）。值得注意的是，示范、骨干院校与普通院校的招生质量本身就有差异：2008 年，第三批示范院校刚开始建设、三个批次的骨干院校均为开始建设，其招生质量却高于非示范院校。这表明学校之间存在原始差异，为了对示范、骨干院校的影响做出准确的估计，我们需要加入学校层面的控制变量。

表 4 - 9　录取分数初步分析对比

单位: 分

	2008 年平均 录取分数	2009 年平均 录取分数	2010 年平均 录取分数	2011 年平均 录取分数
第一批示范院校	409	397	377	367
第二批示范院校	399	385	365	353
第三批示范院校	394	388	365	354
第一批骨干院校	392	380	357	339
第二批骨干院校	387	374	350	334
第三批骨干院校	395	379	357	343
普通院校	385	370	347	329

表 4 - 10　平均录取分数方面的差异

	2008 年平均 录取分数差异	2009 年平均 录取分数差异	2010 年平均 录取分数差异	2011 年平均 录取分数差异
第一批示范院校	24***	27***	30***	38***
第二批示范院校	14***	15***	18***	24***
第三批示范院校	9***	17***	19***	25***
第一批骨干院校	7***	10***	10***	10***
第二批骨干院校	2	3*	3	5**
第三批骨干院校	9***	9***	11***	14***

注: *** 表示 $p < 0.01$, ** 表示 $p < 0.05$, * 表示 $p < 0.1$。

　　在控制建设批次、学校层面相关变量并加入年份和省份固定效应之后进行回归发现, 示范院校、骨干院校建设对所录取学生的生源质量有显著的影响。进行示范院校、骨干院校建设后, 示范、骨干院校所录取的学生平均高考分数提高了 4.091 分。其中, 录取的文科学生平均高考分数提高较多, 为 6.148 分; 所录取的理科学生平均高考分数提高相对低一点, 为 3.145 分。若将录取平均分排名作为因变量, 结果表明示范院校录取的文科学生平均分排名高于普通院校 11 名, 录取的理科学生平均分排名高于普通院校 5 名。但是, 对于理科学生录取而言, 示范院校、骨干院校建设的影响并不显著（见表4-11）。

表4-11 示范院校、骨干院校建设对学生质量的影响结果（DID）

	录取平均分			录取平均分排名		
	文理科	文科	理科	文理科	文科	理科
进行示范院校、骨干院校建设	4.091**	6.148***	3.145**	8.002*	11.429**	4.915
	[1.634]	[2.104]	[1.388]	[4.227]	[5.219]	[4.128]
控制变量	√	√	√	√	√	√
批次控制	√	√	√	√	√	√
年份固定效应	√	√	√	√	√	√
省份固定效应	√	√	√	√	√	√
样本量	99470	40935	45693	99470	40935	45693
R^2	0.518	0.511	0.552	0.353	0.362	0.332

注：1. 括号里面为标准误，标准误在省层面上聚集；2. *** 表示 $p<0.01$，** 表示 $p<0.05$，* 表示 $p<0.1$；3. 录取平均分排名按照录取平均分由低到高排名，值越大，表明录取平均分越高；4. 控制变量结果省略。

2. 示范院校、骨干院校建设对生源质量的长期影响

随着示范院校、骨干院校建设时间的推移，学生质量的变化如何呢？笔者在模型中加入不同建设周期与是否开始示范院校、骨干院校建设的交互项，即可看出影响效用的时间变化趋势。

表4-12的回归结果表明，随着建设周期的推进，示范院校、骨干院校建设对录取学生质量的影响逐渐增加。在示范院校、骨干院校建设的第一年，与普通院校相比，示范院校、骨干院校录取学生的平均分数要高出3.512分，而在第二年，其影响增加为6.570分，第三年为10.895分，第四年为14.956分，第五年更高，为21.015分。如果将示范院校与骨干院校建设分开考虑（见表4-12下部），由于骨干院校于2010年刚开始建设，在2011年，其影响还不明显；相比较而言，示范院校建设对生源质量的影响则相对较大。对于所录取的文科学生，在开始示范院校建设的第五年，与普通院校相比，所录取的学生平均分甚至高出超过30分，而录取平均分排名要高出57名。

表 4 – 12　示范院校、骨干院校建设的长期影响

	录取平均分			录取平均分排名		
	文理科	文科	理科	文理科	文科	理科
示范院校、骨干院校建设 1 年	3.512**	5.531**	2.798**	6.689	10.431*	4.284
	[1.517]	[2.089]	[1.352]	[4.029]	[5.434]	[4.262]
示范院校、骨干院校建设 2 年	6.570***	8.291***	5.107***	11.755**	14.493**	7.906
	[2.181]	[2.532]	[1.708]	[5.639]	[5.505]	[4.926]
示范院校、骨干院校建设 3 年	10.895***	15.599***	8.548***	21.295***	30.363***	12.790**
	[2.840]	[3.454]	[2.273]	[7.399]	[7.646]	[5.810]
示范院校、骨干院校建设 4 年	14.956***	20.949***	12.184***	26.521**	41.175***	17.156*
	[3.996]	[4.559]	[3.237]	[10.627]	[9.603]	[8.978]
示范院校、骨干院校建设 5 年	21.015***	28.710***	16.322***	33.262***	53.584***	23.259**
	[4.805]	[6.753]	[3.842]	[11.875]	[13.454]	[10.494]
样本量	99470	40935	45693	99470	40935	45693
R^2	0.518	0.513	0.553	0.353	0.363	0.332
示范院校建设 1 年	7.546***	7.720***	7.559***	17.593***	14.991**	16.274***
	[1.741]	[2.381]	[1.479]	[4.990]	[6.119]	[4.235]
示范院校建设 2 年	9.640***	9.979***	8.752***	20.056***	18.008***	17.086***
	[2.351]	[2.575]	[1.918]	[6.645]	[6.185]	[5.677]
示范院校建设 3 年	13.968***	17.285***	12.205***	29.604***	33.873***	22.001***
	[3.000]	[3.427]	[2.377]	[8.030]	[8.243]	[5.671]
示范院校建设 4 年	18.144***	22.693***	15.968***	35.142***	44.808***	26.687***
	[4.088]	[4.433]	[3.486]	[11.254]	[9.786]	[9.279]

续表

	录取平均分			录取平均分排名		
	文理科	文科	理科	文理科	文科	理科
示范院校建设5年	24.000***	30.351***	19.856***	41.331***	57.002***	32.158***
	[4.862]	[6.533]	[4.049]	[12.237]	[13.153]	[10.681]
骨干院校建设1年	0.522	3.828	-0.686	-1.397	6.884	-4.490
	[1.694]	[2.505]	[1.652]	[4.486]	[6.579]	[6.073]
样本量	99470	40935	45693	99470	40935	45693
R^2	0.518	0.513	0.553	0.353	0.363	0.333

注：1. 括号里面为标准误，标准误在省层面上聚集；2. *** 表示 $p < 0.01$，** 表示 $p < 0.05$，* 表示 $p < 0.1$。

3. 不同批次的示范院校、骨干院校建设效果分析

更进一步，加入不同批次的示范院校、骨干院校与年份的交互项，以此来估计不同批次的示范院校、骨干院校在不同建设周期的影响。由于数据年份有限，研究以 2008 年为基年，只考虑第一批骨干院校在第一个建设周期结束后的表现（见表 4 - 13）。

表 4 - 13 不同批次示范院校、骨干院校不同建设年份的效果分析

	录取平均分			录取平均分排名		
	文理科	文科	理科	文理科	文科	理科
一批示范×2009	4.711**	6.752***	5.666**	17.744***	18.938**	16.061**
（一批示范第三周期）	[2.196]	[2.212]	[2.242]	[6.056]	[6.909]	[6.521]
二批示范×2009	2.623*	1.634	2.628	6.812	4.931	5.594
（二批示范第二周期）	[1.539]	[2.081]	[1.670]	[4.435]	[5.396]	[4.596]
三批示范×2009	7.195***	6.451**	8.165***	18.642***	13.061*	18.071***
（三批示范第一周期）	[2.009]	[2.599]	[1.989]	[5.539]	[6.522]	[4.975]

续表

	录取平均分			录取平均分排名		
	文理科	文科	理科	文理科	文科	理科
一批骨干×2009	1.384	−0.863	3.012**	5.494	−3.799	9.841
	[1.303]	[2.116]	[1.440]	[4.235]	[5.510]	[5.878]
二批骨干×2009	0.116	1.764	1.395	8.122	12.702*	11.059
	[1.779]	[2.517]	[1.879]	[5.988]	[7.252]	[8.249]
三批骨干×2009	−1.504	−0.149	−0.376	−0.163	4.125	3.614
	[1.563]	[1.834]	[1.576]	[5.189]	[5.872]	[6.292]
一批示范×2010	8.339***	13.066***	7.565***	16.605**	31.558***	9.435
（一批示范建后一年）	[2.628]	[2.763]	[2.359]	[7.733]	[7.564]	[6.436]
二批示范×2010	5.081**	8.239***	3.794*	7.850	14.931**	0.557
（二批示范第三周期）	[1.947]	[2.540]	[1.965]	[5.227]	[7.096]	[4.606]
三批示范×2010	8.619***	9.741***	8.183***	18.244**	16.662**	15.764**
（三批示范第二周期）	[2.631]	[2.854]	[2.354]	[7.242]	[6.176]	[6.551]
一批骨干×2010	1.534	3.715	0.749	1.820	8.231	−3.143
	[1.916]	[2.393]	[2.066]	[6.492]	[8.484]	[7.524]
二批骨干×2010	0.793	4.623*	1.082	3.064	20.758**	2.497
	[2.096]	[2.283]	[1.923]	[6.652]	[7.645]	[7.312]
三批骨干×2010	−1.302	0.473	−0.752	−1.059	4.178	4.218
	[2.650]	[2.320]	[2.647]	[7.555]	[6.501]	[9.629]
一批示范×2011	14.738***	20.886***	12.135***	25.144***	42.906***	18.801**
（一批示范建后两年）	[3.002]	[4.352]	[2.858]	[8.421]	[9.418]	[8.434]
二批示范×2011	10.790***	14.623***	9.163**	19.493**	28.594***	13.571
（二批示范建后一年）	[3.335]	[3.765]	[3.497]	[8.205]	[7.991]	[8.076]
三批示范×2011	15.712***	19.605***	12.938***	32.553***	40.632***	23.871***
（三批示范第三周期）	[3.260]	[4.014]	[2.736]	[8.532]	[9.544]	[6.804]

续表

	录取平均分			录取平均分排名		
	文理科	文科	理科	文理科	文科	理科
一批骨干×2011	1.811	5.400*	0.757	1.668	9.627	-2.136
（一批骨干第一周期）	[2.109]	[3.145]	[2.125]	[6.835]	[9.075]	[8.390]
二批骨干×2011	2.046	9.019***	1.708	5.602	24.161***	-3.408
	[2.501]	[2.692]	[2.793]	[5.635]	[7.261]	[8.562]
三批骨干×2011	2.469	6.631	2.021	7.975	17.010	7.929
	[3.659]	[4.167]	[3.392]	[8.877]	[11.348]	[9.146]
样本量	99470	40935	45693	99470	40935	45693
R^2	0.518	0.513	0.553	0.354	0.363	0.333

注：1. 括号里面为标准误，标准误在省层面上聚集；2. *** $p<0.01$，** $p<0.05$，* $p<0.1$。

回归结果显示，第一批示范院校（开始于 2006 年）在第三个建设周期，以及示范院校建设结束之后，学生质量持续提高；第二批示范院校（开始于 2007 年），在第二、第三个建设周期，以及示范院校建设结束之后，招生质量也持续提高，但不如第一批示范院校的改变明显；第三批示范院校（开始于 2008 年），其学生质量提高的程度也很明显，只有骨干院校效果并不显著。此外，2008～2011 年骨干院校录取学生的高考平均分数并未有显著性差异。这表明，被评为骨干院校但并未开始骨干院校建设，对学校录取的生源质量并无显著性的影响，除了第一批和第二批骨干院校所招的文科学生质量在 2010～2011 年度略有所提高。这进一步验证了前文的结论。

（四）主要结论与启示

本研究发现，示范院校、骨干院校建设对所录取学生的生源质量有显著的影响。首先，与普通院校相比，整体上进入示范院校、骨干院校建设项目的高职院校所录取的生源质量按照高考成绩衡量有了显著提高。其次，越早被评为示范院校的学校生源质量提高越大，也即越早进入示范院校建设序列的学校，所录取的学生质量越高。此外，本研究进一步估计了随着建设周期的推进，示范院校、骨干院校建设的影响。结果表明，随着建设周期的推进，示范院校建设对录取学生质量的影响逐渐增加。在示范院校建设周期结束之后，这种作用依然存在，示范院校的生源质量持续提高。

"国家示范性高等职业院校建设计划"对学校招生质量的影响可能存在两种途径。一种是信号机制。由于高职院校一直缺乏较为有效的区分办学质量的信息，而进入"国家示范性高等职业院校建设计划"则意味着在全国1200多所高职院校中进入前15%，成为高职院校中的"211"名校，是一种高质量办学的象征，为学校创造了无法估量的品牌"声誉"价值。这种质量的象征会起到信号的作用，使学生在报考高职院校的时候，更优先选择示范院校，从而使这些高职院校的生源质量有所提高。国内外的高校入学选择理论都表明（Perna，2006；郑一虹等，2006），大学的声誉是学生报考时普遍关注的因素。另一种是建设效应。示范院校建设带来的巨额资金投入和各种资源，客观上改善了办学条件，推动了课程和教学改革，提升了人才培养质量。这种建设作用可以创造出较高的声誉和知名度，吸引优质生源报考。

无论是上述的信号作用还是建设效应，都使得示范院校、骨干院校建设项目帮助示范、骨干院校吸收到高分的学生；反过来，优质生源又推动了示范、骨干院校办学质量的进一步提升，逐步形成了一种良性循环。随着示范院校建设批次的推移，其对生源质量的影响效用由强转弱，并且减弱的趋势加快。可能的原因在于，一是优势生源的数量总是有限的，批次靠前的示范院校早占据了高考招生市场的优势地位，后来者相比较而言处于劣势；二是相比批次靠前的改革先锋，批次靠后的示范院校有前者的成功经验可供模仿学习，其在人才培养模式方面进行深入改革和再创新的动力稍显不足，示范院校建设的信号作用和建设效应不可避免地递减。

从本研究的结论中可以看出，示范院校建设对院校的发展有显著的良性作用。其带来的大量资金促进了学校的建设，基于该项目所提供的信号作用以及建设效应，示范院校的生源质量显著提高。但与此同时，需要考虑示范院校对普通院校可能带来的影响。一方面，普通院校可能模仿学习示范院校的成功经验，从而提高自身的办学质量；另一方面，示范院校招收了越来越多的优质生源，由于其原本就处于优势地位，又得益于示范院校建设项目的效应，在取得其他方面的建设资金时，也会相应地挤占普通院校的资源。这一过程随着时间不断循环和强化，便造成了示范院校和普通院校之间的差距逐步拉大。普通院校可能生源质量会进一步恶化，资源获得情况也进一步变差。这就会导致高职院校之间的发展分化，强者愈强，弱者愈弱。如何在长期内保持改革实验项目的政策"初衷"不走样，值得政策制定者和学界在未来共同探讨和研究。

此外，本研究还有两点局限：首先，由于各地可能在示范院校建设前后出台不同的职业教育政策和法规，对示范院校和普通院校产生了不同的影响，双重差分的估计结果可能存在一定程度的偏差；其次，由于示范院校对普通院校会产生一定的示范和引领作用，可能促进了普通院校教学质量的提升，这使得示范院校建设对生源质量的影响会被低估。但是这并不影响回归结果所呈现的总体趋势。

四　示范性建设的外溢效应研究

（一）问题提出

"国家示范性高等职业院校建设计划"历时数年，从上到下动员了近200亿元的资金投入，极大地改善了示范院校的办学条件，并通过教学改革等专业建设，开展高职人才培养模式的变革，被誉为我国高等职业教育领域的"211工程"。从政策评价的视角来看，高职示范院校建设既会提升示范院校本身的办学水平，也有可能带动周边其他院校的发展、提升区域内高等职业教育的总体质量。目前，已有的少数政策评估仅仅考察示范院校[①]自身的建设效应，对示范院校的"辐射能力"和"带动"的关注较少，实证研究极为匮乏。

根据"国家示范性高等职业院校建设计划"的早期政策文本（教高〔2006〕14号），示范院校建设的"辐射带动"作用的具体表述为，"推动示范院校与经济欠发达地区的对口支援，与区域内中高等职业院校的对口

---

① 本部分把第一期国家示范院校（2006～2010年）和第一期国家骨干示范院校（2010～2015年）统称为示范院校，把第二期国家骨干示范院校称为第二期示范院校，以突出分析不同时期的院校建设的辐射影响。

交流，促进高等职业教育整体质量的提升"①。其后的教育部文件②中，辐射能力被定义为"学校主动承担对本地高等职业院校的带动责任，在促进资源共享、提高办学效益、增强适应力、扩大受益面等方面取得成效"。根据上述政策文本，可以推断出高职示范院校建设的"示范"、"辐射"和"带动"之间的内在逻辑。"示范"指项目院校在重点建设过程中取得的成功经验和改革成果等具有总结、推广的价值，是对示范院校自身建设水平和发展实力的要求。"辐射"和"带动"强调项目院校对其他高职院校（落后地区和本地的高职院校）的影响，前者侧重于项目院校主动总结经验、向外推广、发挥能动影响的过程，后者侧重于项目院校对其他院校辐射而产生的正向结果——带动其他院校发展、促进整体质量的提升。由于缺乏对上述概念的辨析，以往研究忽视了对示范建设的"辐射"和"带动"效果的分析。

为了填补上述研究空白，本书基于地理经济学中产业组织"辐射"作用理论，采用 2016 年的全国高等职业院校质量年报数据和全国高职院校的地理信息等相关数据，着重探讨了作为"示范"性组织的示范院校对区域内其他（普通）院校的资源获得、教学水平和最终产出的影响，即探讨高职示范建设的辐射效果。对这个问题的回答，具有重要的理论和现实意义。一方面，这是对我国高职领域重大教育投入政策——"国家示范性高等职业院校建设计划"的实施效果进行评估，重在评价政策目标中的"辐射带动"影响的完成度。这有利于学界、院校和政府更加全面和客观地看待"国家示范性高等职业院校建设计划"所取得的成果，科学有效地评价项目资金的使用效率和效益。另一方面，将地理经济学领域的相关理论引入对高等职业教育和教育财政的研究，可以为当下高等职业教育领域的专项项目发展，如优质校建设和"双高计划"等提供借鉴和参考，促进职业教育决策的科学化。

（二）相关文献

1. 辐射效应、地理距离和示范效果测量

地理经济学理论认为组织之间存在辐射效应，少数优先发展组织可以

---

① 《教育部、财政部关于实施国家示范性高等职业院校建设计划　加快高等职业教育改革与发展的意见》（教高〔2006〕14 号）文件。

② 见 2006 年教育部《国家示范性高等职业院校建设项目预审标准（试行）》。

通过辐射和扩散效应影响空间邻近组织的发展。例如，增长极理论认为，地区经济的发展首先会体现在一些增长点或者增长极上。此后，这些增长点通过不同的渠道向外扩散，进而影响整体经济的发展（卡佩罗，2004）。这其中，起支配性作用的关键企业会通过自身的投资决策影响其他相关企业的投资动力，从而产生一系列积极影响，呈现正向的"扩散效应"。从理论上说，示范院校作为职业教育发展的"模范"或者说"增长点"，对周围的普通院校会产生一定的影响，也即发挥辐射作用。

示范院校建设的辐射效应本质上属于一种知识外溢活动。知识外溢的一个关键要素就是地理邻近性（Cooke et al.，1997）。辐射效应只存在于一定的地理空间范围内，即对辐射效应的考察需要确定组织间的地理距离。这是因为创新过程涉及大量隐性知识的输入，而这类知识必须通过面对面的人际交流和深入、频繁的互动才能有效获取，并且知识传播的成本随着距离的增大而增加。当知识源组织与知识获取组织在地理上邻近时才更容易发生知识溢出。知识外溢的效果往往随着地理距离的扩大而递减，直至消失。从这个意义上说，高校的知识溢出是本地化的，往往发生在区域层面上（田华，2011；Fritsch & Slavtchev，2007）。近年来，学者们纷纷研究大学的知识生产和扩散功能对本地区的区域经济发展（产学研合作）和区域创新的重要推动作用（Cooke et al.，1997；Davies，2008；Kantor & Whalley，2014）。这些研究多关注以大学为"中心"的知识扩散路径和大学知识溢出的发生机制，地理距离则是其中一个关键的影响因素（Börner et al.，2006；Ponds，Oort，& Frenken，2009）。因此，本书对示范院校建设辐射效应的讨论聚焦于在地理上与示范院校邻近的普通院校；通过与那些非邻近示范院校的普通院校进行比较，对示范院校的辐射效应进行定量评价。

国家示范院校建设中辐射效果的总体目标是促进高等职业教育整体质量的提升。而高等职业教育质量的核心测量指标是毕业生就业质量，这是由高职院校的核心使命所决定的。高职院校的培养目标旨在为社会和经济发展培养合格的技术技能人才，而检验高职人才培养是否合格就是看学生毕业后在劳动力市场的表现，也即毕业生的就业质量。因此，本书认为示范院校邻近院校的毕业生就业质量的变化是示范院校建设辐射带动效果的最终体现。

2. 可能的辐射机制

在具体的辐射影响机制上，增长极理论提出，增长极——起关键作用的组织在带来积极影响的同时，也会产生负面效应，即导致"回波效应"。简言之，大型企业的发展会造成土地租金、工资和物价上升，对周边其他小企业产生排挤效应。因而增长极对于区域经济发展的总效应（净溢出效应）是"扩散效应"和"回波效应"之和（Coronado & Acosta，2005）。

地理经济学理论有助于分析高职示范院校如何在地理空间上影响、带动周围的普通院校发展，尤其是探讨示范院校的先进教学理念和成功的组织变革经验等创新知识如何向外扩散。从地理空间上看，示范院校对周边的普通非示范院校（以下统称为普通院校）可能存在以下两种效应。

一种是合作效应，类似于增长极理论提出的扩散效应，即普通院校通过与周边示范院校合作达到资源水平和办学水平的提升。例如，普通院校通过与示范院校的交流和学习，受到示范院校成功经验和先进知识的影响，提高了自身的办学水平，产生正向的辐射效应。又或者，在示范院校生均拨款政策的影响下，普通院校以此为参照，与政府谈判以提高其生均拨款水平，客观上形成了一种争取公共资源的同盟，从而提高区域内高等职业教育财政拨款的整体水平。另外，示范院校的校企合作较为深入和多样，与当地的企业建立了一种良好的合作共赢关系（任君庆、王义，2010）。处于同一产业环境下，普通院校可能会受益于示范院校与邻近企业构建的良性合作机制，从而获得更多的企业支持性资源。

另一种是竞争效应，类似于增长极理论的回波效应，即周边的普通院校受到示范院校强有力竞争的影响，发展滞后，与示范院校甚至其他普通院校的差距拉大。由于资源总量有限，示范院校的崛起会加强自身汲取各类资源的能力，导致邻近普通院校的发展环境恶化。例如，示范院校可能获得了更多中央和省级政府的专项投入，导致周边普通院校在竞争中难以获得财政专项支持。又或者，示范院校垄断了本地区内与优质企业合作的机会，导致周边普通院校的学生和教师难以参与高水平的校企合作。

事实上，合作效应和竞争效应在实践中可能同时存在。因此示范院校对周边普通院校的辐射效应是这两种效应强弱抵消之后的结果。简言之，如果合作效应大于竞争效应，那么示范院校对周边普通院校的影响主要表现为正向影响；反之亦然。

因此，本部分拟重点分析示范院校对邻近普通院校的就业产出是否有显著影响。同时，通过中介效应分析，考察辐射过程中示范院校对普通院校的资源获得和教学水平的影响。因为邻近普通院校的资源获得和教学水平即可以直接反映合作效应或者竞争效应的强弱，也是院校产出的重要中介影响因素。

3. "示范"和"辐射带动"效果的研究

目前，关于"国家示范性高等职业院校建设计划"实施效果的研究还比较零散，学术界尚未形成合力，系统地对高职示范院校建设的效果进行全面、科学的评估。已有研究主要集中于探讨和反思项目遴选中暴露出的问题（贺武华，2011）、项目外部的资源动员方式和内部组织机制（郭建如、周志光，2014），以及项目的初步效果（金鑫、王蓉，2013）。而在项目成效的研究中，大多是关注项目院校自身的建设和发展（李海斌等，2011），这些属于"示范"的效果评估。

但是，关于辐射带动效应的实证研究寥寥无几，缺乏全国层面上对区域内普通院校辐射效果的探讨。童卫军等（2017）分析了全国第二期骨干院校的验收报告和工作状态数据等资料，指出骨干院校的重点支持专业是人才培养模式先锋，带动了骨干院校其他专业的建设；同时，骨干院校通过培训教师和联合培养学生等对口支援建设，促进了中西部地区职业院校的发展。但研究者将骨干院校的示范引领与辐射效应，阐释为引领项目院校的其他专业发展和推动对口支援的中西部院校发展，忽略了示范院校对占绝对数量的、非对口支援的周边普通院校的影响。另外，对一所骨干院校的案例研究发现（郜倩倩，2013），样本学校只是通过访问交流、共享教学资源库和开展师资培训等方式进行经验推广，方式单一，对对口支援学校的服务能力较弱。对口支援学校表示主要是在"该示范院校的办学理念、建设制度及管理方面得到了很大的援助"。与上述观点不同的是，有学者指出，示范院校建设项目会引发"马太效应"，两类院校之间的差距会越来越大，并且示范院校的"办学范式、发展模板，必然与非示范（骨干）校的现实起点产生严重脱节，导致其难以在非示范（骨干）校中得到应用与推广"（肖凤翔等，2016）。

　　总之，目前关于示范院校辐射带动作用的研究只停留在对数量较少的对口支援院校的影响上，忽视了示范院校对周边普通院校的辐射作用，并且缺乏从全国视域探讨示范院校对周边普通院校的带动效果及其内在辐射机制的研究。另外，已有的研究对于示范院校与其他普通院校的影响关系的认识并不一致。因此，利用全国数据和空间计量技术对示范院校的辐射带动效果进行实证分析，尤为必要。

（三）研究设计

1. 估计策略

　　鉴于示范院校和普通院校在空间上呈点状交织分布的特点，直接测量示范院校对周围普通院校的辐射效应较为困难。借鉴地理经济学相关知识，笔者以普通院校为研究对象，把普通院校分为两类：一类学校周围（按照一定的地理距离）存在示范院校，另一类学校周围不存在示范院校。通过可以观测特征的匹配，可以找到基本特征相似的这两类普通院校。再比较这两类普通院校在学生就业方面的差异，以推断示范院校的存在对普通院校产出的影响。如果邻近示范院校的普通院校在毕业生就业方面显著高于非邻近示范院校的普通院校，那么合作效应占主导。反之，竞争效应占主导。如果二者并无显著差异，则说明合作效应与竞争效应抵消，或者基本无辐射影响。在此基础上，比较随着地理距离的增大，不同类别的普通院校之间的学生就业产出的差异，以此来推断辐射效果的空间变化；比较普通院校周围示范院校的不同期次对普通院校就业产出的影响，以此来估计辐射效果的时间变化；估计普通院校周围示范院校的数量对普通院校就业产出的影响，以测量不同强度的示范院校辐射效果。

　　在具体分类操作上，笔者利用空间计量技术，基于学校的经纬度信息分别以周边 10 km 和周边 30 km 为标准[①]计算普通院校"周边 10 km（或 30 km）示范院校的数量"，并对普通院校分组。具体过程如下：①利用百

---

① 　选取 10 km 和 30 km 分析，一方面是考虑到 10 分钟和半小时的标准车程距离，并结合高职院校自身占地面积及所在城市辖区的面积特点，不宜过近和过远；另外，从全国普通院校的分布来看，有约四成的普通院校周围 10 km 内有示范院校，有约六成的普通院校周围 30 km 内有示范院校，便于比较。

度地图 api 工具计算出每个高职院校①的经纬度，并用阿尔伯斯投影将经纬度坐标系转化为平面坐标系；②用 ArcGIS 的距离计算工具（Point Distance 工具）统计任意两所高职院校之间的直线距离（欧氏距离）；③分别统计出普通院校周围 10 km 和 30 km 内示范院校的总数量，以及其中第一期示范院校和第二期示范院校（骨干院校）的各自数量；④根据统计结果，把普通院校划分为两大类：一是周围 10 km 内没有示范院校的普通院校；二是周围 10 km 以内至少有 1 所示范院校的普通院校。

2. 研究方法和模型

两类普通院校在地理空间上的分布可能存在一定的偏好，如示范院校常常处于经济发展水平较高的地区，更吸引高水平的普通院校办学。为了解决样本自选择偏误问题，本研究采用倾向值匹配方法来获得辐射效应的更准确估计。倾向值匹配方法（Propensity Score Matching，简称 PSM）是一种近年来在社会科学领域运用较为广泛的统计方法。该方法的主要思路是，为每一个周围有示范院校的普通院校找到一个在可观测变量上尽可能近似，但周围没有示范院校的普通院校，配对形成"处理组"和"对照组"，这两组样本在学生平均就业产出上的差异就是周围有示范院校的普通院校所受到的辐射效果。运用倾向值匹配方法需要满足两个前提假设（陈强，2014）：一是条件独立假设，在此处是指可观测的变量既影响了普通院校是否分布于示范院校周围，又影响了普通院校的就业产出，但不受学生就业产出的反向干预；二是重叠假定，是指周围有示范院校的普通院校与周围没有示范院校的普通院校在倾向得分取值范围内有相同的部分。满足上述两个假定后，示范院校的辐射效果也即平均处理效应（Average Treatment Effect on the Treated，简称 ATT）可以表述为：

$$ATT = E\{E[Y_{1i}|FB=1,p(X)]\} - E\{E[Y_{0i}|FB=0,p(X)]\} \tag{4-4}$$

其中，Y_{1i} 和 Y_{0i} 分别代表周围有示范院校的普通院校和周围没有示范院校的普通院校的学生就业产出，FB 为普通院校周围是否有示范院校的二元变量，$p(X)$ 是影响普通院校周围有示范院校的概率值。为增加结果的稳健

---

① 有几个校区的学校以主校区为地理坐标采集单位。

性，本部分采用了一对一近邻匹配、一对四近邻匹配、半径匹配、核匹配、局部线性回归匹配和马氏匹配六种匹配方法。

关于辐射机制，普通院校的资源获得水平和教学水平应当发挥中介作用。这两者既受到示范院校辐射的影响，又影响普通院校的学生就业。为检验这一中介效应，本部分采用 Baron 和 Kenny（1986）提出的依次检验回归来分析（亚科布齐，2012）。具体模型为：

$$M = \beta_1 + aX$$
$$Y = \beta_2 + cX \qquad\qquad (4-5)$$
$$Y = \beta_3 + c'X + bM$$

其中，X 为周围有无示范院校的虚拟变量，M 为代表资源获得和教学水平的中介变量，Y 代表学生就业产出。如果系数 c 不显著，则 X 对 Y 没有影响，一般可以直接判定不存在中介效应；如果 c 显著，且系数 a 和 b 都显著，说明有部分或完全中介效应存在，也即示范院校对邻近普通院校学生就业产出的影响至少有一部分是通过普通院校资源获得和教学水平来实现的。但是当 c 系数显著，而 a 和 b 至少有一个不显著时，则需要做 Sobel 检验来判断，如果结果显著，则存在中介效应（温忠麟等，2015）。

3. 数据和变量

本部分所用的数据主要来自中国高职高专网上公布的 2016 年全国各高职院校的高等职业教育质量年报（2015 年数据），全国高职院校的地理信息数据来自百度地图官方网站，高职院校所在地市的数据资料来自《中国区域经济统计年鉴 2006》。经初步整理，从中国高职高专网整理出 1269 份高职院校报告，包括 197 份示范院校报告[①]和 1072 份普通院校报告，剔除缺失值后得到有效的普通院校样本 944 份[②]，占当年全国普通院校总数（1141所）的 83%。可以说，样本具有较强的代表性和权威性。

本部分采用毕业生的"（平均）就业率"和"（平均）月工资收入"来

---

① 其中西藏职业技术学院缺失，上海医疗器械高等专科学校和上海医药高等专科学校于 2015 年合并升格为一所本科院校。

② 笔者利用 2015 年和 2017 年的高职院校质量年报数据对本部分的主要变量进行了缺失值多重插补。

衡量普通院校的学生就业质量，即研究关注的最终辐射效果，是本部分的因变量。笔者认为，示范院校通过影响周边普通院校资源获得和教学水平来发挥辐射作用。为了衡量辐射机制中的资源获取，本部分用"生均教育财政经费"来衡量普通院校汲取的财政资源，用"企业兼职教师的（专业）课时占（总专业课课时）比"来衡量普通院校获得的企业方面资源。关于教学水平，由于教师的企业工作经历是影响其教学水平的关键环节，本部分采用"专任教师人均企业实践时间"来衡量。这三个变量是本部分的中介变量。

同时，根据普通院校周围 10 km 有无示范院校生成一个虚拟变量，代表普通院校是否会受到周围示范院校的辐射。更进一步，根据示范院校建设的不同期次把周围 10 km 内有无示范院校的普通院校细分为四组，分别是周围同时有两期示范院校的普通院校、周围仅有第一期示范院校的普通院校、周围仅有第二期示范院校的普通院校和周围没有示范院校的普通院校，以此来比较不同时期的示范院校的辐射影响。用"周围 10 km 内示范院校的数量"来衡量示范院校辐射的不同强度。为比较不同地理距离下的示范院校辐射影响并控制住混淆效应，构造了一个"周围 10 ~ 30 km 有无示范院校"的指标，并按照"周围 10 km 内有无示范院校"和"周围 10 ~ 30 km 有无示范院校"两个指标将普通院校分为四组，分别是仅周围 10 km 内有示范院校的普通院校、仅周围 10 ~ 30 km 有示范院校的普通院校、周围 30 km 内没有示范院校的普通院校、周围 10 km 内与 10 ~ 30 km 均有示范院校的普通院校。

根据 PSM 方法的前提假定并结合相关文献（刘云波，2016），从地市和普通院校两个层面选取影响普通院校地理分布和学校平均就业产出的变量。[①] 关于地市特征方面，本部分用"人均国内生产总值（GDP）"来衡量当地经济发展水平；用"第一产业比重"和"第二产业比重"来衡量当地的产业结构水平；用"财政自给度"（市财政一般预算收入/市财政一般预算支出）来衡量一个地区的财政分权程度和财政自治性，以此来衡量地市

---

① 地市特征数据选取 2005 年的数据，未受到示范院校建设的影响；但 2015 年的普通院校名单相比 2005 年发生很大变化（有约 34% 的院校为新建或重组院校，并有约 13% 的院校升本），因此仍采用 2015 年的院校信息作为控制变量，并尽量选取不受示范院校建设影响的变量。

支持高职院校发展的财政能力；用"年末总人口"来衡量人们对高等职业教育的需求程度；用"市内本科院校数量"来代表本地的本科教育资源；用"商品房销售均价"（商品房销售额/商品房销售面积）来衡量当地的房地产行业发展水平；用"是否为省会城市"来衡量所在城市的等级，并加入四大经济区域的虚拟变量来控制区域特征。

在普通院校特征方面，用在校生规模和生师比来衡量学校办学的基础条件；用普通院校的隶属关系的不同分类（省属或央属高职院校、地属高职院校、民办和国有企业办学）来衡量学校先天所能从举办单位处获得的资源差异；用"学校类别"（专科学校＝0，高职院校＝1）在一定程度上来控制学校的前期基础；[①]用是否在 2006 年以前（示范院校开始）建校来构造一个"是否为新建校"的虚拟变量，以此来控制建校时长的影响。

对数据进行初步统计发现，944 所普通院校中，有 552 所普通院校周围 10 km 内没有示范院校，占 58.47%；有 392 所普通院校周围 10 km 内有 1 所及以上的示范院校，占 41.53%。当地理距离扩展为 10～30 km 时，在 552 所周围 10 km 内没有示范院校的普通院校中，有 360 所普通院校周围 10～30 km 没有国家示范性高职院校；有 192 所普通院校周围 10～30 km 有 1 所及以上的示范院校。对经 PSM 估计后的回归样本进行初步统计，样本学校和所在城市的特征见表 4 - 14。

表 4 - 14　变量的基本特征

变量	样本量	平均值	标准差	最小值	最大值
就业率（%）	876	93.63	7.06	9.84	100.00
月工资收入（元）	876	2756.16	637.84	1000	4892
生均教育财政经费对数	876	6.13	6.86	-9.21	15.60
企业兼职教师的课时占比（%）	876	21.20	17.94	0.00	100.00
专任教师人均企业实践时间（天）	876	25.22	26.22	0	210
第一产业比重	876	0.12	0.09	0.00	0.45
第二产业比重	876	0.46	0.10	0.14	0.86

---

① 普通高等专科学校一般集中在卫生、师范和公安等领域，且建校早、基础条件较好；与之相对应的高等职业学校则起步稍晚。

续表

变量	样本量	平均值	标准差	最小值	最大值
人均 GDP 对数	876	9.83	0.66	7.91	11.11
财政自给度	876	0.66	0.22	0.11	1.23
商品房销售均价对数	876	7.79	0.47	6.71	8.93
年末总人口对数	876	15.45	0.70	12.06	17.15
市内本科院校数量	876	8.56	10.39	0	57
在校生规模对数	876	8.54	0.73	4.98	9.92
生师比	876	23.86	9.11	1.18	80.90
周围 10 km 内示范院校的数量	876	0.75	1.15	0	5
周围 10~30 km 示范院校的数量	876	1.14	1.53	0	7

	样本数	类别	频数	所占比重(%)
城市等级	876	省会	380	43.38
		非省会	496	56.62
是否为新建校	876	是	297	33.90
		否	579	66.10
是否为专科学校	876	是	93	10.62
		否	783	89.38
地区	876	东北	80	9.13
		东部	344	39.27
		西部	186	21.23
		中部	266	30.37
学校举办主体	876	省属或央属	378	43.15
		地属	248	28.31
		国有企业办	45	5.14
		民办	205	23.40
周围 10 km 内示范院校的不同期次	876	周围 10 km 没有示范院校	516	58.90
		周围 10 km 有两期示范院校	118	13.47
		周围 10 km 只有第一期示范院校	135	15.41
		周围 10 km 只有第二期示范院校	107	12.21

续表

	样本量	类别	频数	所占比重(%)
周围 10 km 内和 10~30 km 有无示范院校	876	仅 10 km 内有示范院校	102	11.64
		仅 10~30 km 有示范院校	180	20.55
		30 km 内没有示范院校	336	38.36
		10 km 内和 10~30 km 都有示范院校	258	29.45

注：1. 此处报告的是经 PSM 估计后取共同区间进行回归的样本量。2. 876 所普通院校分布在全国 251 个城市中，其中包括 4 个直辖市，其他均为地级市。3. 对生均教育财政经费为 0 的学校赋值为 0.0001 元，以便取对数。

4. 研究假设

基于政策文本和已有研究，本部分假定示范院校对邻近普通院校具有积极的正向影响，研究假设如下。

假设 1：邻近有示范院校的普通院校在毕业生平均"就业率"和平均"月工资收入"方面显著高于邻近没有示范院校的普通院校，即合作效应占主导。

根据前文辐射机制的定义，研究假设如下。

假设 2：邻近有示范院校的普通院校分别在"生均教育财政经费"、"企业兼职教师的课时占比"和"专任教师人均企业实践时间"方面显著高于邻近没有示范院校的普通院校。

假设 3："生均教育财政经费"、"企业兼职教师的课时占比"和"专任教师人均企业实践时间"分别对学生的平均"就业率"和平均"月工资收入"有显著影响。

依据知识外溢的相关研究可以推断，随着地理距离的增大，合作效应会逐步减弱；示范院校建设越早，对邻近普通院校的影响越强；周围示范院校数量越多，普通院校所受到的辐射作用越强。因此，研究假设如下。

假设 4：周围 10 km 内有示范院校的普通院校的就业产出要显著高于周围 10~30 km 有示范院校的普通院校就业产出。

假设 5：周围 10 km 内仅有第一期示范院校的普通院校的就业产出要显著高于周围 10 km 内仅有第二期示范院校的普通院校和周围 10 km 内没有示范院校的普通院校。

假设 6：周围 10 km 内示范院校的数量对普通院校的就业产出有显著的

正向影响。

(四) 实证结果

1. 两类学校的学生就业差异 (PSM 估计)

利用 PSM 方法估计前,需要对处理组与对照组的协变量进行平衡性检验和分布重合性检验。平衡性检验结果显示 (见表 4 - 15),匹配后各变量的标准化偏差基本都小于 10%,并且偏差绝对值在数据平衡后都有很大幅度的缩减,均在 62% 及以上。18 个变量中在匹配前有 14 个变量在处理组和对照组之间存在显著差异,经过匹配这些显著差异都消失了。匹配后,变量的 t 值均不显著,意味着不能拒绝处理组与对照组无系统差异的原假设。换句话说,经过数据匹配基本消除了普通院校周围有无示范院校在可观测的地市特征和院校特征上的差异,满足条件独立假设。另外,对倾向得分的共同取值范围作图发现 (图略),大多数观测值在共同取值范围内,匹配仅会损失少量样本。总之,研究数据基本符合倾向值匹配方法的要求。

表 4 - 15 协变量的平衡性检验

变量	匹配状态	处理组	对照组	标准化偏差 (%)	偏差绝对值减少 (%)	t 值
第一产业比重	匹配前	0.08	0.14	-63.8		-9.33***
	匹配后	0.09	0.09	0.1	99.9	0.01
第二产业比重	匹配前	0.47	0.46	7.2		1.06
	匹配后	0.47	0.47	-0.7	90	-0.12
人均 GDP 对数	匹配前	10.07	9.66	67.3		9.93***
	匹配后	10.06	10.07	-2.9	95.7	-0.46
财政自给度	匹配前	0.75	0.60	71.9		10.64***
	匹配后	0.74	0.75	-1.9	97.4	-0.3
商品房销售均价对数	匹配前	7.96	7.66	66.7		9.9***
	匹配后	7.95	7.95	-0.1	99.9	-0.02
市内本科院校数量	匹配前	11.19	6.85	43.5		6.49***
	匹配后	10.89	11.08	-1.9	95.6	-0.29

续表

变量	匹配状态	处理组	对照组	标准化偏差（%）	偏差绝对值减少（%）	t 值
城市等级	匹配前	0.70	0.26	99.7		15.1***
	匹配后	0.70	0.68	3.4	96.6	0.45
年末总人口对数	匹配前	15.61	15.34	40.7		5.99***
	匹配后	15.60	15.66	-9	77.8	-1.5
在校生规模对数	匹配前	8.60	8.49	14.4		2.18**
	匹配后	8.58	8.63	-5.5	62	-0.79
生师比	匹配前	24.82	22.89	21.4		3.24***
	匹配后	24.80	24.51	3.2	85	0.42
是否为地属学校	匹配前	0.14	0.37	-53.3		-7.83***
	匹配后	0.15	0.13	4.1	92.3	0.69
是否为国有企业办学	匹配前	0.06	0.04	9.1		1.4
	匹配后	0.06	0.06	0.6	93.4	0.08
是否为民办院校	匹配前	0.21	0.27	-15.3		-2.3**
	匹配后	0.21	0.23	-5	67.5	-0.7
是否为专科学校	匹配前	0.10	0.11	-4.9		-0.74
	匹配后	0.10	0.09856	-0.3	93.8	-0.04
是否为新建校	匹配前	0.70	0.63	14.9		2.24**
	匹配后	0.69	0.67	5.5	63	0.77
东北地区	匹配前	0.08	0.10	-6.5		-0.97
	匹配后	0.08	0.07	2.5	60.9	0.37
东部地区	匹配前	0.44	0.35	17.8		2.7**
	匹配后	0.42	0.44	-3.9	78.2	-0.52
西部地区	匹配前	0.18	0.25	-16.5		-2.46**
	匹配后	0.18	0.19	-2.4	85.6	-0.34

注：*** 代表 $p < 0.01$，** 代表 $p < 0.05$。

分别利用近邻匹配（一对一和一对四）、半径匹配、核匹配、局部线性回归匹配和马氏匹配等匹配方法，对周围 10 km 内有无示范院校的两组普通院校的毕业生平均就业率和平均月工资收入进行 PSM 估计（见表 4 - 16）。结果显示，无论是毕业生的平均月工资收入还是平均就业率，两类普通院校之间的平均处理效应的 t 值绝对值都小于 1.96，也即两类学校在学生的平均月工资收入和平均就业率上的差异并不显著。各种匹配方法得到的结果一致，说明该平均处理效应估计具有较强的稳健性。不难推断，邻近有无示范院校并未对邻近普通院校的学生就业产生显著性的影响。换句话说，示范院校对邻近普通院校或者是根本没有影响，或者是竞争效应与合作效应强弱相当，互相抵消。

表 4 - 16　普通院校就业产出的 PSM 估计（按周围 10 km 内有无示范院校分组）

	匹配方法	处理组	对照组	平均处理效应（ATT）	t 值
平均就业率（10 km 分组）	匹配前	93.57	93.39	0.18	0.37
	近邻匹配（$k=1$）	93.48	93.91	-0.43	-0.61
	近邻匹配（$k=4$）	93.48	94.27	-0.78	-1.3
	半径匹配	93.48	94.19	-0.70	-1.05
	核匹配	93.48	94.03	-0.55	-0.84
	局部线性回归匹配	93.48	94.13	-0.64	-0.91
	马氏匹配	93.57	94.10	-0.53	-1
平均月工资收入（10 km 分组）	匹配前	2789.92	2732.95	56.97	1.35
	近邻匹配（$k=1$）	2778.06	2789.83	-11.77	-0.17
	近邻匹配（$k=4$）	2778.06	2825.50	-47.44	-0.83
	半径匹配	2778.06	2815.70	-37.64	-0.66
	核匹配	2778.06	2837.91	-59.85	-1.09
	局部线性回归匹配	2778.06	2844.98	-66.92	-0.96
	马氏匹配	2789.92	2818.58	-28.66	-0.48

注：1. *** $p<0.01$，** $p<0.05$，* $p<0.1$；2. 半径匹配中选择 $r=0.01$ 的半径，在"不太远"的半径范围内配对。

2. 资源获得和教学水平的中介效应检验

为进一步明确内在的辐射机制，本研究基于匹配后的近似"随机"样本，采用稳健性 OLS 回归来探讨资源获得与教学水平变量所发挥的中介作用。笔者综合考虑匹配后的样本量以及变量标准化偏差，选取表 4 - 16 中半径匹配后的样本作为新样本（取共同区间样本 876 个）进行中介分析。分别把"生均教育财政经费"、"企业兼职教师的课时占比"和"专任教师人均企业实践时间"代入模型（4 - 5），得到以下结果（见表 4 - 17）。

表 4 - 17　学生就业产出的中介作用检验

模型组（1）：因变量为就业率				
变量	a：就业率	b：专任教师人均企业实践时间	c：生均教育财政经费对数	d：企业兼职教师的课时占比	e：就业率
10 km 范围内有无示范院校	- 0.323	3.647 *	0.316	- 0.644	- 0.359
	[0.500]	[1.954]	[0.334]	[1.478]	[0.505]
专任教师人均企业实践时间					0.010
					[0.009]
生均教育财政经费对数					0.033
					[0.042]
企业兼职教师的课时占比					0.015
					[0.010]
控制变量	YES	YES	YES	YES	YES
样本量	876	876	876	876	876
调整后 R^2	0.170	0.053	0.664	0.069	0.173

模型组（2）：因变量为月工资收入				
变量	a：月工资收入	b：专任教师人均企业实践时间	c：生均教育财政经费对数	d：企业兼职教师的课时占比	e：月工资收入
10 km 范围内有无示范院校	- 11.549	3.647 *	0.316	- 0.644	- 12.052
	[47.620]	[1.954]	[0.334]	[1.478]	[47.652]
专任教师人均企业实践时间					0.003
					[0.009]
生均教育财政经费对数					0.134
					[0.232]
企业兼职教师的课时占比					0.021 **
					[0.011]

续表

变量	模型组（2）：因变量为月工资收入				
	a：月工资收入	b：专任教师人均企业实践时间	c：生均教育财政经费对数	d：企业兼职教师的课时占比	e：月工资收入
控制变量	YES	YES	YES	YES	YES
样本量	876	876	876	876	876
调整后 R^2	0.166	0.053	0.664	0.069	0.169

注：1. 括号中数字为稳健标准误；2. $^{***}p<0.01$，$^{**}p<0.05$，$^{*}p<0.1$；3. 控制变量包括第一产业比重、第二产业比重、人均 GDP 对数、财政自给度、商品房销售均价对数、市内普通本科院校数量、城市等级、年末总人口对数、在校生规模对数、生师比、是否为地属学校、是否为国有企业办学、是否为民办院校、是否为专科学校、是否为新建校、是否为东北地区、是否为东部地区、是否为西部地区等。

　　在模型组（1）中，在控制地市和院校等一系列特征的条件下，相比于周围 10 km 内无示范院校，周围 10 km 内有示范院校的普通院校的平均就业率没有显著影响（方程 a）。周围 10 km 内有示范院校的普通院校的专任教师人均企业实践时间，相比周围 10 km 内没有示范院校的普通院校显著多出3.6 天（方程 b）。而在生均教育财政经费和企业兼职教师的课时占比方面，两类普通院校并没有显著差异（方程 c 和方程 d）。在加入资源获得和教学水平的变量后（方程 e），周围 10 km 内有无示范院校的两类普通院校在平均就业率方面没有显著差异。也就是说，示范院校并未通过对普通院校的资源获得和教学水平的影响，实现对学生就业率的影响。

　　类似地，模型组（2）的结论与模型组（1）基本一致。在控制地市和院校等一系列特征的条件下，两类普通院校之间在学生的月工资收入上没有显著的差异。加入了专任教师人均企业实践时间、生均教育财政经费和企业兼职教师的课时占比三个指标后，月工资收入仍然没有显著差异。

　　总之，示范院校对周围 10 km 内的普通院校的专任教师人均企业实践时间有显著的积极影响，但对普通院校的生均教育财政经费和企业兼职教师的课时占比并没有显著影响。加入三个中介变量后，示范院校对周围 10 km 内普通院校的平均就业率和平均月工资收入均未有显著影响，这也验证了前文的 PSM 估计结果。可知，不存在教学水平和资源获得的中介作用。另外，分别用 PSM 估计中的倾向值得分（见表 4 - 16 中的半径匹配）作为控制变量进行中介效应检验，得到的结果与上文一致，验证了该结论的可靠性和稳定性。

3. 稳定性检验

由于 PSM 估计中控制变量放入了 2015 年的在校生规模和生师比，该变量发生在"干预"之后，可能会使处理效用的估计产生偏差。此处，采用两种方法来验证前文的模型结果。

方法一：在 PSM 估计时直接删去 2015 年的"在校生规模"和"生师比"，只用 2005 年的城市特征数据和 2015 年的其他院校特征方面（不变变量）来估计。分别用 6 种匹配方法进行 PSM 估计，得到的结论是一致的。结果显示，无论是就业率还是月工资收入，ATT 的 t 值绝对值均小于 1.96，表明两组普通院校之间的就业产出没有显著差异。

在此基础上，用半径匹配样本做稳健性 OLS 回归（样本量为 880），做两次中介效应检验模型（4-5）。一是在控制变量中放入生师比和在校生规模对数。结果发现仍然不存在资源获得和教学水平的中介效应；周围 10 km内是否有示范院校对专任教师人均企业实践时间有显著的正向影响，但对就业率和月工资收入都没有显著影响。二是在控制变量中不放入生师比和在校生规模对数。结果发现，仍然不存在资源获得和教学水平的中介效应，周围 10 km 内是否有示范院校对专任教师人均企业实践时间有显著的正向影响，但对就业率和月工资收入都没有显著影响。在匹配后的回归分析中，放入或者不放入在校生规模和生师比两个变量对于结果（就业产出）的估计都没有影响，结论都是一致的。也就是说，采用 2015 年的在校生规模和生师比对于估计示范院校的辐射效应并没有影响。

方法二：用 2005 年的样本数据来做 PSM 估计。数据来自 2005 年的《全国高职院校经费基表数据》。将该数据与 2005 年的地市数据和 2015 年的就业产出（就业率和月工资收入）合并后，生成的有效样本为 420 个。采用 2005 年的在校生规模和生师比（其他控制变量不变）来做 PSM 估计，得到的估计结果仍然是一致的——两类普通院校的就业率和月工资收入的 ATT 的 t 值绝对值小于 1.96，平均处理效应不显著，两类学校的就业产出不存在显著差异。

在此基础上，用半径匹配后的配对样本做稳健性回归（样本量为 407）。

中介效应模型（4－5）的回归结果表明，周围 10 km 内有无示范院校对就业率仍然没有显著影响，且不存在资源获得和教学水平的中介效应。结论仍然是一致的。由于用 2005 年的小样本数据分析得到的结果是两类普通院校的就业产出没有显著差异，示范院校的辐射净效应为零，那么可以推断，在 2005 年的全国总体数据中，结论也应是如此。总之，通过以上两种方法的检验分析，证实了前文 PSM 估计和回归分析的稳健性，结果是比较可靠、稳定的。

4. 示范院校辐射效果的时空差异和强度差异

国家示范院校建设历史较长，可分为 2006 ~ 2010 年的第一期项目和 2010 ~ 2015 年的第二期项目。针对前文提出的假设，对不同期次的项目的辐射效果进行稳健性 OLS 回归分析，结果见表 4 - 18 的模型 1 和模型 2。结果表明，在区分周围 10 km 内示范院校的不同期次时，周围只有第二期项目的普通院校相比周围只有第一期项目的普通院校，二者无论是在就业率还是在月工资收入上都没有显著差异；无论是周围仅有第二期或仅有第一期示范院校的普通院校，还是两期都有的普通院校，相比周围没有示范院校的普通院校，其在学生就业产出上均未有明显差异。这表明，在 2015 年项目结束时，无论是第一期的示范院校还是第二期的示范院校都未对周围 10 km 内的普通院校的学生就业产生积极的显著影响。

由于示范院校和普通院校的空间分布并不均衡，可能一个普通院校周围有多个示范院校，普通院校所受到的示范院校的辐射强度也并不相同。表 4 - 18 的模型 3 表明，普通院校周围 10 km 内示范院校的数量并未对其就业率和月工资收入产生显著影响。也就是说，并不是周围聚集的示范院校数量越多，普通院校就会受到越强的辐射影响。代入 10 ~ 30 km 示范院校的数量得到相同的结论（该结果略）。

将地理半径扩展至 10 ~ 30 km 进行比较发现，周围仅 10 km 内有示范院校的普通院校与周围仅在 10 ~ 30 km 有示范院校的普通院校，二者在毕业生的就业产出上并未有显著差异，这说明示范院校对一个 10 km 内的普通院校的毕业生就业影响和对一个 10 ~ 30 km 的普通院校的毕业生的就业影响效果是一样的（模型 4）。而对于周围 10 km 内没有示范院校，但在 10 ~ 30 km 有示范院校的普通院校，相比在 10 km 和 10 ~ 30 km 都没有示范院校的普通院校，其毕业生平均就业率显著低于后者 1.258 个百分点，其毕业生的平均月工资收入显著高于后者约 145 元（模型 5）。换句话说，示范院校会对 10 ~ 30 km 的普通院校（其 10 km 内没有示范院校）的毕业生就业机会产生负向影响，同时却显著提高了毕业生的就业质量。另外，在周围 10 km 内有示范院校的普通院校，无论其在 10 ~ 30 km 有无示范院校，相比于 30 km 内没有示范院校的参照组，其就业产出都没有显著差异。

表 4 - 18 辐射效果的时期、强度和空间变化（稳健性 OLS 回归）

因变量为就业率

变量	模型 1	模型 2	模型 3	模型 4	模型 5
周围 10 km 内没有示范院校	0.693				
（是 = 1，否 = 0）	[0.791]				
周围 10 km 内有两期示范院校	0.517	- 0.175			
（是 = 1，否 = 0）	[0.805]	[0.543]			
周围 10 km 内只有第二期示范院校	0.603	- 0.090			
（是 = 1，否 = 0）	[0.839]	[0.611]			
周围 10 km 内只有第一期示范院校		- 0.693			
（是 = 1，否 = 0）		[0.791]			
周围 10 km 内示范院校的数量			- 0.162		
			[0.177]		
周围仅 10 ~ 30 km 有示范院校				- 0.068	- 1.258**
（是 = 1，否 = 0）				[0.823]	[0.571]
周围 30 km 内没有示范院校				1.189	
（是 = 1，否 = 0）				[0.947]	
周围 10 km 内且 10 ~ 30 km 都有示范院校				0.249	- 0.940
（是 = 1，否 = 0）				[0.835]	[0.592]
周围仅 10 km 内有示范院校					- 1.189
（是 = 1，否 = 0）					[0.947]
控制变量	YES	YES	YES	YES	YES
样本量	876	876	876	876	876
调整后 R^2	0.173	0.173	0.173	0.176	0.176

续表

因变量为月工资收入

变量	模型 1	模型 2	模型 3	模型 4	模型 5
周围 10 km 内没有示范院校	26.865				
(是 =1，否 =0)	[63.911]				
周围 10 km 内有两期示范院校	14.234	-12.632			
(是 =1，否 =0)	[77.292]	[67.603]			
周围 10 km 内只有第二期示范院校	35.020	8.154			
(是 =1，否 =0)	[80.551]	[68.165]			
周围 10 km 内只有第一期示范院校		-26.865			
(是 =1，否 =0)		[63.911]			
周围 10 km 内示范院校的数量			-9.783		
			[21.367]		
周围仅 10 ~ 30 km 有示范院校				71.470	144.766**
(是 =1，否 =0)				[80.389]	[62.992]
周围 30 km 内没有示范院校				-73.296	
(是 =1，否 =0)				[73.886]	
周围 10 km 内且 10 ~ 30 km 都有示范院校				-12.524	60.773
(是 =1，否 =0)				[77.625]	[63.381]
周围仅 10 km 内有示范院校					73.296
(是 =1，否 =0)					[73.886]
控制变量	YES	YES	YES	YES	YES
样本量	876	876	876	876	876
调整后 R^2	0.169	0.169	0.169	0.174	0.174

注：1. 括号中数字为稳健标准误；2. *** $p < 0.01$，** $p < 0.05$，* $p < 0.1$；3. 控制变量包括专任教师人均企业实践时间、生均教育财政经费、企业兼职教师的课时占比、第一产业比重、第二产业比重、人均 GDP 对数、财政自给度、商品房销售均价对数、市内普通本科院校数量、城市等级、年末总人口对数、在校生规模对数、生师比、是否为地属学校、是否为国有企业办学、是否为民办院校、是否为专科学校、是否为新建校、是否为东北地区、是否为东部地区、是否为西部地区等。

总之，根据周围示范院校的不同期次和不同数量来衡量辐射效果的时间效应和强度效应，结果显示普通院校周围 10 km 内无论是有第一期示范院校项目还是有第二期示范院校建设项目，在学生就业产出方面都没有显著差异，并不存在时间效应。同时，无论是在 10 km 半径范围内，还是在 10 ~ 30 km 范围内，周围示范院校的数量均未对毕业生的就业产出有显著影响，也即不存在辐射的叠加效应。对比周围不同地理距离的示范院校的影响发现，只有在 10 km 内没有示范院校的组别中，10 ~ 30 km 的示范院校才对普通院校显现明显的影响：在减少普通院校毕业生的就业机会的同时，提高了毕业生的就业质量。一个可能的解释是，在本区域的劳动力市场中工作岗位机会有限，普通院校的毕业生竞争不过示范院校的毕业生，就业率下降；但同时，普通院校受到示范院校辐射的影响，其毕业生的培养质量较高，相比于 10 ~ 30 km 没有示范院校的普通院校的毕业生可以获得较高工资的工作岗位。

（五）结论和启示

本研究首次采用全国范围的高职院校数据，对示范院校建设对地理邻近高校产出的影响——辐射效果进行了严谨的量化评价。本书的研究结果显示，①经过倾向值匹配后的周围 10 km 内有示范院校的普通院校，与周围 10 km 内无示范院校的普通院校相比，两者在学生的就业率和月工资收入上都没有显著的差异。②对示范院校内在辐射机制的探析发现，示范院校的存在有利于提高周围 10 km 内普通院校的教学水平，但这一影响效应仅停留在教学层面，并未传递到学生的就业产出，同时示范院校对周围 10 km 内普通院校的资源获得没有显著影响。③进一步深入分析发现，截至 2015 年的统计时点，不同期次的示范院校对周围 10 km 内普通院校的辐射效应没有体现明显差异；示范院校数量的多少并未对邻近的普通院校产生显著的影响；在不同的地理距离下，只有在 10 km 内没有示范院校的组别中，10 ~ 30 km 的示范院校对普通院校就业产出的影响效果才得以显现（降低毕业生就业率的同时提高月工资收入），而在 10 km 内有示范院校的组别中，并未体现这一影响效果。

总之，国家级高职示范院校并未对周围 10 km 内的普通院校的学生就业产生显著影响，利用匹配后样本进行中介效应检验发现，示范院校对周围 10 km 内的普通院校的教学水平有显著的积极影响，对其资源获得并没有产生明显的影响。但在总体上，国家示范院校并未通过影响邻近普通院校的资源获得或者教学水平，实现最终对其学生就业质量的辐射影响。示范院校的期次和数量均未对周围 10 km 内的普通院校产生显著影响。

需要特殊说明的是，本部分所测量的影响效果是示范院校对周围普通院校的净溢出效应，也即合作效应和竞争效应强弱抵消之后的结果。实证结果表明，示范院校对周围 10 km 内普通院校的影响效果可能存在两种模式：模式一是没有影响，既不存在合作效应，也不存在竞争效应；模式二是有影响，但合作效应与竞争效应程度大体相同，效果相互抵消。目前的数据分析还无法准确识别出具体是哪一种模式在发挥作用，结合对 10 ~ 30 km 示范院校辐射的效果分析（见表 4 - 18），存在模式二的可能。同时，也不能否认现实世界中模式一的存在。针对示范院校的辐射效果问题，笔者分别访谈了几位示范院校和普通院校的相关领导，得到的反馈基本一致。受访者表示，对本区域的职业院校而言，更多的是在职业教育的认知和理念层面形成了一定的共识，区域内普通院校会自觉或不自觉地学习示范院校建设的一些先进做法。但是，在实践层面示范院校和周边的普通院校仍是各自"关门办学"，缺乏正式、深入的互动合作。

这两种模式在现实中可能都存在，关于模式二的形成机制前文已有论述，此处重点讨论模式一。也就是说，示范院校和周边的普通院校之间比较独立，没有明显的影响。为何有着地利之便的周边普通院校没有切实享受到示范院校建设的积极辐射效果呢？学者的研究（郭建如、周志光，2014）表明，示范院校是通过组织学习的方式，把重点建设专业的课程改革和教学改革等新经验扩散到全学院，进而突破了示范专业建设的局限。同时，学校的组织管理体制与激励机制等因素影响着示范建设的内部辐射效果。简言之，在同一学校内部，要成功实现知识的扩散需要一套与之匹配的组织制度条件，其中包括有利于知识扩散和组织学习的院校治理机制、人事安排和协调机制、教师激励机制等。不难判断，地理邻近只是组织学习和知识扩散的必要但不充分条件，示范院校对周边普通院校的辐射效应并不会自然而然地发生。

同时，在内部制度条件支持的基础上，还需要外部政策的激励。尽管示范院校建设的总目标是带动全体高等职业教育发展，但一方面政策设计之初对"辐射""带动"目标的描述较为笼统，另一方面在项目验收阶段，评审的重点都在强调对项目院校自身建设成果的评估，而非示范院校的辐射带动作用。[①] 这些都导致示范院校对辐射其他普通院校的动力不足。可见，地理上的邻近性不能必然保证知识外溢的发生，要实现示范院校与普通院校校际的辐射影响更需要一系列内外部配套制度和政策的支持。

总之，目前从全国层面来看，示范院校对周边邻近院校的学生就业产出并没有体现显著的积极影响，全国尚未形成一个以示范院校为发展的中心、邻近普通院校明显受益的普遍局面。历时近十年的示范院校建设，建成了两百余所高水平的高等职业院校，在职业教育教学改革和校企合作等专业建设方面取得了突出的成就，形成了职业教育领域的"领军团队"，但其在本区域内的辐射效果并不尽如人意。

从政策目标来看，相比于建成两百所高水平的示范院校，或者相比于政府所关注的中西部对口支援工作，示范院校对周边普通院校的辐射作用对于我国高等职业教育的总体发展意义更为深远、重要。从地理布局和创新发展阶段的要求来看，我国已经具备了通过示范院校辐射周边院校、实现区域内院校共同高质量发展的条件。一方面，我国示范院校周边的普通院校分布较为集中且数量众多，有四成普通院校周围 10 km 内至少有一所示范院校，六成普通院校的周围 30 km 内至少有一所示范院校。从布局来看，示范院校的布局基本能够满足区域内辐射和优势院校集聚的要求。

另一方面，我国当前所处的创新发展阶段需要发展区域性的高等职业教育集聚，夯实区域技能形成体系的坚实基础。地理邻近性是影响知识外溢和创新扩散的重要因素。创新扩散模型表明，空间距离摩擦成为阻碍外围组织接受创新辐射的主要因素，邻近效应在其中占据优势（卡佩罗，2014）。区域自身发展能力的主要推动力是本地区层面的收益递增和集聚经济。今天比以往任何时候都更加需要促进共同学习、推动技术创新和组织管理革新，这是形成集聚经济和区位优势的源泉（卡佩罗，2014）。从

---

① 见《教育部办公厅、财政部办公厅关于做好"国家示范性高等职业院校建设计划"2006 年度 28 所立项建设院校验收工作的通知》（教高厅函〔2009〕44 号）的内容，"示范与辐射成效"只需要院校自我总结报告即可，并不是核查的重点；《国家骨干高职院校建设项目验收评议指标》中对辐射带动作用的评分仅占总评分的 1/10。

这个意义上说，发挥地理邻近性的优势、带动周边普通院校的发展，是示范院校建设及类似项目的核心价值所在。唯有如此，才能形成区域性的高等职业教育集聚效应，走出一条可持续的高职院校自主发展之路。

第五章　主要结论和政策建议

一　主要结论

首先，对我国高等职业教育财政投入政策的梳理和高等职业院校经费数据进行分析，得到以下发现。一是示范院校建设时期政府成为高等职业教育经费投入的主体，逐步形成了公共财政投入为主、学生个人为辅的成本分担格局。同时，民办院校中举办者的投入所占比重在下降，行业企业对高等职业教育的支持严重不足。二是示范院校建设时期我国开始逐步建立高职生均拨款制度，中央政府带动地方政府广泛采用项目化方式支持高等职业教育发展，以竞争型的专项项目为主，体现了"效率优先"的发展思路。三是高等职业教育的经费投入在各地区之间的差异在缩小，但在不同举办主体的院校间的差异在扩大。伴随着公共财政的大幅增加，公办院校和民办院校之间的差距在扩大。在公办院校内部，国有企业所办的高职院校在财政经费的分配格局中处于弱势地位，省属和地属高职院校的经费保障水平较高。

其次，对高等职业教育制造类专业的投入－产出效率的分析，得到以下发现。一是在控制高职制造类专业的生源质量、声誉以及专业规模的条件下，专任教师在全体教师中的比重、专任教师中硕士及以上学历教师的比重、实践课时占总课时比例、企业支持因子对毕业生的就业产出（一般就业率或实习对口就业率）有显著的积极影响。二是在总体与非示范院校样本中，精品课程占总课程的比重对毕业生的实习对口就业率有显著的负向影响。这可能是由于精品课程在示范院校中发挥着信号功能，并不能真正促进专业的效率提升，而在非示范院校中或者从整体来看，精品课程建设有可能挤占了高职专业有限的教学资源，影响正常的教育教学，造成效率的损耗。三是顶岗实习学生占毕业生的比重对制造类专业的一般就业率有显著的正向影响，但是对毕业生的实习对口就业率呈现显著的负向影响。这分别体现了顶岗实习要素的增进"就业能力"功能和求职竞争功能。

再次，制造类专业的生产效率在不同类型的高职院校之间存在显著的差异。总体上，公办示范院校的人才培养的技术效率最高，其次是公办非示范院校，民办非示范院校最低。示范院校的项目体现了一种"马太效应"，优者"锦上添花"，差者"无人问津"。在地区的经济背景下，制造类专业的人才培养效率随着一省人均GDP的增加而增加，体现了地区经济增长对高等职业教育发展的促进作用。在全国范围内，产业结构较优化的地区（第二产业比重较小、第三产业比重较大），制造类专业的就业产出效率随之增高，从某种程度上反映了当前中国制造业从粗放式劳动力密集型开始朝技术、知识密集型转变的趋势。

最后，对财政投入影响高等职业教育发展的实证研究有以下发现。第一，经费总投入总体上对校企合作水平有显著的积极影响。高职院校的办学主体差异导致其汲取市场资源水平和财政资源水平出现较大分化。在控制住不同的举办主体后，其财政预算内拨款比例和学费收入比例对校企合作水平没有显著影响。第二，通过双重差分分析发现，经过三年的项目建设，第三批示范院校受资助专业的课程建设和校企合作水平的提升幅度并不明显。表明单纯依靠财政专项资金的大力投入而取得课程建设和校企合作水平的提升效果有限。这可能也与示范院校政策效果的边际效用递减有关。第三，示范院校建设有助于高职院校获得高分生源，越早进入示范建设序列的院校，所录取的学生质量越高。示范院校建设可能通过信号机制和建设效应，在改善办学条件的同时树立起示范院校的"声誉"价值，吸引到优质生源。这一正向反馈的不断强化，逐步导致示范院校和普通院校之间的差距拉大。第四，结合空间统计技术分析发现，示范院校的邻近院校（10 km范围内存在高职示范院校）和非邻近院校（10 km范围内不存在高职示范院校）的毕业生就业率和起薪不存在显著差异。示范院校的期次和数量均未显著影响周边普通院校的毕业生就业情况。此外，尽管示范院校并未影响邻近普通院校的资源获得水平，但显著地提升了周边普通院校的教学水平。

二　政策建议

针对本书的主要发现，结合我国当前高等职业教育发展的实际情况，笔者提出以下几个方面的建议。

（一）加强省级统筹，完善高等职业教育的财政投入机制

在现行制度和政策下，高职院校的办学主体基本上决定了其经费来源的主渠道以及其可获得的财政资源的多少。办学体制代表了高职院校的"出身"。"出身"不同，与各级政府的远近亲疏不同，可获得的财政资源、体制资源截然不同。而一个组织的行为很大程度上是由资源获取方式决定的（周光礼，2015）。隶属不同办学主体的高职院校所面临的生存压力不同，所采取的应对措施不尽相同，对高职院校发展产生了不同的影响。因此，建议省级政府承担起统筹高等职业教育发展的责任，分类管理、协调职业教育财政资金的分配。一方面，对不同类型的高职院校分别制订专门的发展计划，以削弱因办学主体不同而带来的资源汲取差异的"天然"不利影响。在央属专项资源的配置方面，适度向国有企业办学的院校倾斜。另一方面，在高等职业教育财政资金绩效评价中引入增值评价的概念和操作，不以单一时点的绩效为分配资金的标准，而是考虑高职院校的过程性变化，以发展的眼光来扶持"后进"学校发展，为不同类型的高职院校提供公平的成长和发展机会。此外，还应当在宏观体制、机制上理顺高等职业教育财政投入政策，解决行业部门、国有企业投入高职院校、捐赠设备的政策难题。

（二）苦练内功，切实提升高等职业教育的人才培养质量

总体来看，以制造类专业为代表的高等职业教育的生产无效率基本上都是由可控因素引起的，表明我国的高等职业教育的人才培养存在很大的上升和改进空间。可以从以下几个方面努力。①在师资队伍建设方面，将

限制高职专任教师进入的"编制"的评聘权下放给高职院校，改善教师的福利待遇以吸引更多高素质、高学历的优秀人才进入高职教师队伍中。建立专任教师的在职培训制度并鼓励专任教师到企业生产一线学习技术、顶岗实践积累实践经验，鼓励其与企业技术岗位的专门人才加强交流与合作，成长为真正合格的"双师型"教师。②在课程建设方面，与行业企业共同合作编写满足劳动力市场要求的专业特色教材，积极开发有企业技能专家参与讲授的合作课程。对精品课程建设要量力而为，扩大精品课程使用范围并提高使用效率。③深化产教融合，提升和增大校企合作的水平和强度。进一步落实高职学生的顶岗实习工作，着重培养学生的工作岗位所需实践能力；与合作企业开展双向互动，一方面从企业聘请一线专家教授专业实践核心课程，并合作编写教材案例，另一方面高职院校可考虑为合作企业员工提供技能培训，与企业合作开展技术研发，实现共赢。

此外，针对地区经济和产业发展对高等职业教育的引领作用，高职专业在发展过程中应主动、及时地不断调整课程、教材等教学方面的内容，以适应产业结构动态调整带来的人才需求结构的变化，提高高职毕业生的就业质量。高等职业院校争取从适应产业发展升级为引领产业发展，促进地区产业升级、经济发展的同时，推动高等职业教育自身的发展。

（三）遵循"效率优先、兼顾公平"原则，实现高职资源的合理配置

面对不同类型的高职院校生产效率方面的分化，一方面，应考虑把有限的教育资源分配到效用最大化的地方。实证结果已证明，某些高职投入要素在民办、非示范院校中相比于公办、示范院校会带来更高的产出。对资源普遍匮乏的民办、非示范等普通院校"雪中送炭"还是对公办、示范等重点精英院校"锦上添花"，是一个值得深入思考的问题。笔者认为，无论是从效率的角度还是从公平的角度出发，都应当对后进学校予以支持，以获取最大的产出回报，兼顾公平。政府可考虑对民办、非示范院校的资源投入予以一定的政策保障，并积极鼓励其与公办、示范院校间实现教学资源共享、互通有无。另一方面，应考虑到不同类型的高职院校的生产效率模式的层次性问题。不论是在分配资源还是在评估产出时，都不能"一

刀切"，而应针对各自的发展模式各有侧重。例如，对于民办院校的专业建设，首要任务是发展专任教师的师资力量；针对公办、示范院校，应当在考察教育成本的基础上，引入新的教学质量评估机制，加强其教学质量管理工作。

（四）反思项目治理模式，分享示范院校建设成果

研究发现，示范院校对生源质量有着显著的长期影响，并随着这一反馈系统的不断循环，国家示范院校的优势地位不断巩固，造成院校发展的不平衡和分层。从长期来看，对整体高职院校的发展并不利。同时，示范院校对周边普通学校的辐射影响仅停在教学水平的影响，对本区域内整体高等职业教育的质量提升作用并不理想。我国高等职业教育领域长期推行重点建设的项目治理模式。我们有必要反思，在当下以高等职业教育扩招来促就业保民生的历史时刻，是否需要重新回应高等职业教育的公平性和普惠性的功能属性，是否有必要对长期以来的扶优扶强的重点建设思路做出一些调整和完善。

为促进示范院校与周边普通院校的合作交流，尽可能地分享示范院校的改革成果，可以考虑以下几点建议。①设计顶层的高职院校交流合作制度。中央政府在考核地方高职发展绩效时，增加区域总体发展水平和校均水平的指标权重；由地方政府来负责制定适宜本区域的校际交流政策，并提供必要的政策支持和激励措施，以形成开放兼容、合作互利的发展环境。②在示范院校和周边院校之间建立共享机制及配套制度。鼓励示范院校与周边院校合作申请本地的专项项目，改变以往院校间过强的竞争环境，形成合作共赢的网络化治理模式。创建本区域内的高职院校联盟或校长联席会等组织。定期开展高职院校领导层面的交流活动，鼓励其开展多方面的校际合作；组织本区域内的院校对口帮扶活动，"先进"带动"后进"。③建立制度化的校际教师合作与研讨机制。组织邻近院校的同类专业教师开展教研备课和教学观摩等活动，开展多样化的教师培训活动等。④促进教育资源共享。例如共享先进的实训设备、邻近院校间的学分互认、共享顶岗实习资源等。

（五）完善顶层设计，建立多主体参与的高等职业教育评价体系

实施"管、办、评"分离的政策，建立多主体参与的科学、有效的高等职业教育质量评价体系。当下，"国家示范性高等职业院校建设计划"、"优质高职院校建设"和"中国特色高水平高职学校和专业建设计划"等系列项目是政府积极引导高等职业教育发展、树立改革发展的"典范"的重要举措。在这些项目的基础上，有必要引入第三方组织的力量，利用市场机制的优势引导和完善政策设计或实施过程中可能出现的激励扭曲和偏差，避免出现单方面的"政策失灵"。有必要整合社会各界的力量，对高等职业教育质量进行多主体参与的客观、独立、严谨的评估，形成多头评价体制，价值取向多元化，鼓励高职院校因地制宜，办出自身特色，防止出现"千校一面"，实现错位发展。

参考文献

中文文献

包红霞，2010，《高职专业设置与区域经济发展适应性研究》，《教育与职业》第 23 期。

鲍艳等，2007，《吉林省高职高专专业设置现状、问题及对策》，《现代教育科学》第 4 期。

毕树沙，2019，《高职迅速扩招的现实挑战与应对策略——兼论高等职业教育规模发展》，《中国职业技术教育》第 10 期。

陈良焜、杨钋，2010，《我国高职毕业生内部就业优势的经济计量分析》，《北京大学教育评论》第 8 卷第 4 期。

陈强，2014，《高级计量经济学及 stata 应用》，北京：高等教育出版社。

陈一凡、刘俊琦、何小荣、谢娟、杨洪，2009，《高职扩招后生源学习素质现状的调查分析》，《西安航空技术高等专科学校学报》第 2 期。

戴文静、周金城，2012，《关于我国省际间高等职业教育均衡发展状况的实证研究——基于生均经费支出指标的分析》，《职教论坛》第 22 期。

道恩·亚科布齐，2012，《中介作用分析》，李骏译，上海：格致出版社。

邓岳敏，2010，《高职院校人才培养与劳动力市场对接的现状分析——基于对福建省 3 所高职院校毕业生的调查》，《大学》（学术版）第 9 期。

丁小浩，2000，《高等学校规模效益的实证研究》，北京：教育科学出版社。

丁永香，2011，《山东省高等职业院校专业建设研究》，硕士学位论文，山东经济学院。

董新伟、杨为群主编，2009，《振兴辽宁老工业基地背景下，高等职业院校专业设置与调整研究》，大连：东北财经大学出版社。

杜安国，2010，《中国高等职业教育财政研究》，博士学位论文，财政部财政科学研究所。

杜强、贾丽艳，2009，《SPSS 统计分析：从入门到精通》，北京：人民邮电出版社。

杜侦等，2005，《高职高专专业设置的理论与实践探讨——从江西省的视角出发》，《职教论坛》第 12 期。

傅家旺，2009，《湖南高等职业教育专业设置的问题与对策研究》，《湖南社会科学》第 4 期。

郜倩倩，2013，《示范性高职院校的辐射带动能力建设研究》，博士学位论文，江西科技师范大学。

顾明远，1991，《教育大辞典》（第二卷），上海：上海教育出版社。

郭建如、周志光，2014，《项目制下高职场域的组织学习、能力生成与组织变革》，《北京大学教育评论》第 2 期。

国家统计局普查中心编，2011，《中国基本单位统计年鉴》，北京：中国统计出版社。

郝黎仁等编，2002，《SPSS 实用统计分析》，北京：中国水利水电出版社。

贺武华，2011，《中国式政策运动：一场没有硝烟的战争——"国家'骨干'高职遴选与评审"评议》，《职业技术教育》第 32 卷第 10 期。

胡建华，2001，《现代中国大学制度的原点》，南京：南京师范大学出版社。

黄宏伟，2009，《基于就业导向的高职专业建设研究》，《教育发展研究》第 13 期。

黄景容，2008，《技能教育的理论与实践》，广州：广东人民出版社。

教育部财务司、国家统计局社会和科技统计司编，2007，《中国教育经费统计年鉴》（2006），北京：中国统计出版社。

教育部财务司、国家统计局社会和科技统计司编，2008，《中国教育经费统计年鉴》（2007），北京：中国统计出版社。

教育部财务司、国家统计局社会和科技统计司编，2016，《中国教育经费统计年鉴》（2015），北京：中国统计出版社。

教育部财务司、国家统计局社会和科技统计司编，2017，《中国教育经费统计年鉴》（2016），北京：中国统计出版社。

金鑫、王蓉，2013，《"示范高职"推动校企合作办学模式改革的效果分析——基于双重差分模型的实证研究》，《教育发展研究》第 33 卷第 3 期。

孔斌等，2010，《宁夏高等职业教育专业设置与宁夏人才需求状况的匹配性研究》，《价值工程》第 29 期。

黎荷芳，2005，《高职专业设置的主要问题及改进思路》，《职业技术教育》（教科版）第 10 期。

李海斌、邹吉权、张容、杨元良，2011，《我国高职院校兼职教师聘用现状调查研究——基于 22 所示范性高职院校的数据分析》，《中国职业技术教育》第 16 期。

李海宗编，2009，《高等职业教育概论》，北京：科学出版社。

李军雄、曾良骥、黄玲青，2010，《地方高职院校学生顶岗实习中存在的问题与对策》，《教育与职业》第 3 期。

李科，2010，《基于 DEA 的首批国家示范性高职院校绩效研究》，《教育与职业》第 26 期。

李科、阳永生、纪锐森，2011，《基于典型相关分析的 42 所国家高职示范校绩效研究》，《教育与职业》第 9 期。

李双杰、范超，2009，《随机前沿分析与数据包络分析方法的评析与比较》，《统计与决策》第 283 卷第 7 期。

李文利、由由，2007，《对高等学校办学效率的实证方法和计量分析技术的探讨》，《教育与经济》第 2 期。

李贤政，2010，《浙江省高职专业结构与区域人才需求适切度分析》，《高教发展与评估》第 5 期。

练玉春，2014，《一点二三万亿为职业教育带来哪些变化?》，《光明日报》7 月 1 日，第 6 版。

刘昌亚、李建聪主编，2018，《中国教育统计年鉴 2017》，中国统计出版社。

刘春清等，2005，《黑龙江省高职高专教育专业设置的现状分析及思考》，《黑龙江高教研究》第 2 期。

刘春清、线恒录、刘士奇，2005，《黑龙江省高职高专教育专业设置的现状分析及思考》，《黑龙江高教研究》第 3 期。

刘云波，2016，《发展经济还是追求政绩——地级政府举办高职院校动力的实证分析》，《清华大学教育研究》第 6 期。

卢晓东、陈孝戴，2002，《高等学校"专业"内涵研究》，《教育研究》第 7 期。

罗伯塔·卡佩罗，2014，《区域经济学》，赵文等译，北京：经济管理出版社。

马建富编，2008，《职业教育学》，上海：华东师范大学出版社。

马燕，2007，《我省两类高职院校专业设置及课程设置中的存在问题及原因分析》，硕士学位论文，西北大学。

麦可思研究院，2010，《高等职业院校 2009 届毕业生就业状况与就业能力分析报告》（摘要），《麦可思研究》第 9 卷第 2 期，http：∥tech. mycosresearch. org/PeriodicalInfo/tech. htm，2012 年 4 月 10 日。

麦可思研究院，2011，《2011 届大学毕业生专业对口率分析》，《麦可思研究》第 5 卷第 1 期，http：∥tech. mycosresearch. org/PeriodicalInfo/tech. htm，2012 年 4 月 10 日。

麦可思研究院，2012，《2012 年就业蓝皮书专题》，《麦可思研究》第 6 卷第 1 期，http：∥tech. mycosresearch. org/PeriodicalInfo/tech. htm，2012 年 8 月 20 日。

闵建杰，2007，《湖北地区高职院校专业趋同状况及其优化问题》，《中国职业技术教育》第 32 期。

闵维方等，2006，《2005 年高校毕业生就业状况的调查分析》，《高等教育研究》第 1 期。

闵维方、蒋承，2012，《产业与人力资源结构双调整背景下的大学生就业——一个历史和比较的视角》，《北京大学教育评论》第 10 卷第 1 期。

潘懋元、王伟廉，1995，《高等教育学》，福州：福建教育出版社。

彭友，2008，《天津高等职业教育的专业设置探析》，《教育与职业》第 21 期。

全国高等学校学生信息咨询与就业指导中心、北京大学教育学院编，2011，《全国高校毕业生就业状况（2009－2010）》，北京：北京大学出版社。

任君庆、王义，2010，《国家示范性高职院校深化内涵建设的思考》，《中国高教研究》第 11 期。

〔美〕Stephen W. Raudenbush、〔美〕Anthony S. Bryk，2007，《分层线性模型：应用与数据分析方法》（第二版），郭志刚等译，北京：社会科学文献出版社。

上海市教育科学研究院、麦可思研究院编著，2016，《2016 年中国高等职业教育质量年度报告》，北京：高等教育出版社。

上海市教育科学研究院、麦可思研究院编著，2017，《2017 中国高等职业教育质量年度报告》，北京：高等教育出版社。

《石家庄日报》，2006，《国务院召开会议要适当控制招生增长幅度》，新浪网，http：//news. sina. com. cn/c/2006-05-20/09218976684s. html。

时伟，2001，《数量与质量关系辩证法——扩招后高等教育质量问题探析》，《中国高教研究》第 11 期。

孙晓伟等，2011，《新疆高职院校专业设置与区域经济发展的适应性分析》，《高等职业教育》（天津职业大学学报）第 3 卷第 20 期。

田华，2011，《知识溢出视角下的区域性大学发展》（中青年经济学家文库），北京：经济科学出版社.

童卫军等，2017，《"国家示范性高等职业院校建设计划"骨干高职院校建设项目绩效评价报告》，北京：机械工业出版社。

童卫军，2018，《高职创新发展行动计划——两年成效显、收官战役打响》，http：//www. chinazy. org/models/adefault/news_ detail. aspx？artid ＝66502 ＆cateid ＝1539。

童卫军，2016，《"国家示范性高等职业院校建设计划"骨干高职院校建设项目绩效评价报告》，北京：机械工业出版社。

王焕勋，1995，《实用教育大辞典》，北京：北京师范大学出版社。

王明伦，2005，《高等职业教育发展论》，北京：教育科学出版社。

王群勇，2007，《STATA 在统计与计量分析中的应用》，天津：南开大学出版社。

王贤，2011，《宽严并存：扩招背景下高职院校人才培养的模式选择与反思》，《职教论坛》第 13 期。

王贤，2012，《我国高等职业教育经费投入的非衡性研究》，《职业技术教育》第 22 期。

温忠麟、刘红云、侯杰泰，2015，《调节效应和中介效应分析》，北京：教育科学出版社。

吴高岭，2009，《高职院校专业建设与发展研究》，《新课程研究——职业教育》，http://www.ceat.edu.cn，2009 年 9 月 16 日。

肖凤翔、于晨、肖艳婷，2016，《国家高等职业教育项目制治理的生成动因、效用限度及优化策略——以"国家示范性高等职业院校建设计划"为例》，《教育发展研究》第 36 卷第 Z1 期。

谢作栩，2001，《高等教育扩大招生的"度"》，《现代大学教育》第 6 期。

杨钋，2015，《地方政府对高等职业教育的财政支持》，载王蓉主编《中国教育财政政策咨询报告（2010～2015）》，北京：教育科学出版社。

叶芳、王燕，2013，《双重差分模型介绍及其应用》，《中国卫生统计》第 1 期。

岳昌君，2009a，《高校毕业生求职效率的影响因素分析》，《北京大学教育评论》第 7 卷第 4 期。

岳昌君，2009b，《教育计量学》，北京：北京大学出版社。

张广良，2007，《陕西高职专业设置调查与分析》，《中国职业技术教育》第 26 期。

张文雯等，2010，《河北省高职高专院校专业结构现状调查与调整对策》，《河北科技师范学院学报》（社会科学版）第 9 卷第 2 期。

赵佳佳等，2010，《关于重庆市高职高专专业结构的调查研究》，《职教论坛》第 33 期。

郑一虹、黄素芬、楼程富，2006，《大学形象要素影响考生选择大学的研究》，《高等农业教育》第 23 期。

中华人民共和国国家统计局编，2006，《中国统计年鉴 2006》，北京：中国统计出版社。

中华人民共和国国家统计局编，2007，《中国统计年鉴 2007》，北京：中国统计出版社。

中华人民共和国国家统计局编，2015，《中国统计年鉴 2015》，北京：中国统计出版社。

中华人民共和国国家统计局编，2016，《中国统计年鉴2016》，北京：中国
　　统计出版社。

中华人民共和国教育部，2014，《十年1.2万亿：助推职业教育健康发展》，
　　http：//old. moe. gov. cn//publicfiles/business/htmlfiles/moe/s271/201406/
　　170903. html。

中华人民共和国教育部，2016a，《教育部对十二届全国人大四次会议第
　　6828号建议的答复》，http：//www. moe. gov.　cn/jyb_xxgk/xxgk_jyta/jyta
　　_zcs/201611/t20161103_287510. html。

中华人民共和国教育部，2016b，《教育质量稳步提升 适应产业需求能力增强
　　吸引力和社会影响力大大提高　高等职业教育已成高等教育半壁江山》，
　　http：//www. moe. gov. cn/jyb_xwfb/s5147/201606/t20160629_270038. html。

中华人民共和国教育部发展规划司，2007，《中国教育统计年鉴2006》，北
　　京：人民教育出版社。

中华人民共和国教育部高等教育司，2010，《中国高等职业教育年度报告
　　2009》，http：//shifan. zbvc. cn/Article/ShowArticle. asp？ ArticleID = 1200，
　　2012年5月12日。

中华人民共和国教育部高等教育司、全国高职高专校长联席会编，2005，
　　《育才通道——高等职业教育专业建设探索》，北京：高等教育出版社。

周光礼，2015，《经费配置模式与大学战略选择：中国大学趋同化的经济学
　　解释》，《中国高教研究》第9期。

英文文献

Aigner, Dennis, C. A. Knox Lovell, and Peter Schmidt. (1977). Formulation and
　　estimation of stochastic frontier production function models. *Journal of Econo-*
　　metrics, 6 (1), 21 – 37.

Almeida, R. K. (2008). *The Return to The Firm Investment in Human Capi-*
　　tal. Report for World Bank.

Asian Development Bank. (2004). *Improving Technical Education and Vocational*
　　Training Strategies for Asia. R. a. SD Department. Manila, Asian Development

Bank.

Bailey, T. , Calcagno, J. C. , Jenkins, D. , Leinbach, T. , & Kienzl, G. (2006). Is student-right-to-know all you should know? An analysis of community college graduation rates. *Research in Higher Education*, 47 (5), 491 – 519.

Bailey, T. , Jenkins, D. , & Leinbach, T. (2005). *What We Know about Community College Low-Income and Minority Student Outcomes: Descriptive Statistics from National Surveys*. Community College Research Center.

Bailey, T. & Morest, V. S. (2006). *Defending the Community College Equity Agenda*. Johns Hopkins University Press.

Bailey, T. R. , Badwa, N. , & Gumport, P. J. (2001). *For-profit Higher Education and Community Colleges*. Report for National Center for Postsecondary Improvement Stanford, Calif: Stanford University.

Barnett, K. & Ryan, R. (2005). Vocational education and training in Australian schools: Issues for practitioners. *International Education Journal*, 5 (5), 89 – 104.

Barnett, W. S. (1994). Obstacles and opportunities: Some simple economics of school finance reform. *Educational Policy*, 8 (4), 436 – 452.

Baron, R. M. & Kenny, D. A. (1986). The moderator-mediator variable distinction in social psychological research: Conceptual, strategic, and statistical considerations. *Journal of Personality and Social Psychology*, 51 (6), 1173.

Bartel, A. P. (2000). Measuring the employer's return on investments in training: Evidence from the literature. *Industrial Relations: A Journal of Economy and Society*, 39 (3), 502 – 524.

Battese, G. E. & Coelli, T. J. (1995). A model for technical inefficiency effects in a stochastic frontier production function for panel data. *Empirical Economics*, 20 (2), 325 – 332.

Belfield, C. R. & Fielding, A. (2001). Measuring the relationship between resources and outcomes in higher education in the UK. *Economics of Education Review*, 20 (6), 589 – 602.

Bettinger, E. P. & Long, B. T. (2006). The increasing use of adjunct instructors at public institutions: Are we hurting students. *What's Happening to Public Higher Education*, 51 – 69.

Betts J. R. (1996). Is there a link between school inputs and earnings? Fresh scrutiny of an old literature, in Gary Burtless, ed. , *Does Money Matter? The Effect of School Resources on Student Achievement and Adult Success*. Washington, D. C. : Brookings Institution Press, pp. 141 – 191.

Blom, K. & Meyers, D. (2003). *Quality Indicators in Vocational Education and Training: International Perspectives*. National Centre for Vocational Education Research.

Blundell, R. , Dearden, L. , Meghir, C. , & Sianesi, B. (1999). Human capital investment: The returns from education and training to the individual, the firm and the economy. *Fiscal Studies*, 20 (1), 1 – 23.

Bowles, S. & Levin, H. M. (1968). The determinants of scholastic achievement—an appraisal of some recent evidence. *Journal of Human Resources*, 3 – 24.

Boyd, W. L. & Hartman, W. T. (1988) The politics of educational productivity, in D. H. Monk & J. Underwood, eds. , *Micro-level School Finance: Issues and Implications for Policy*. MA: Ballinger, Cambridge.

Breen, R. (1991) . Assessing the effectiveness of training and temporary employment schemes: Some results from the youth labour market. *Economic and Social Review*, 22 (3), 171 – 198.

Börner, K. , Penumarthy, S. , Meiss, M. , & Ke, W. (2006). Mapping the diffusion of scholarly knowledge among major US research institutions. *Scientometrics*, 68 (3), 415 – 426.

Burstein, L. (1980). The analysis of multilevel data in educational research and evaluation. *Review of Research in Education*, 8, 158 – 233.

Card, D. & Krueger, A. B. (1996a). Labour market effects on school quality: Theory and evidence. In Burtless, G. , ed. , *Does Money Matter?: The Effect of School Resources on Student Achievement and Adult Success*. Brookings Institution Press.

Card, D. & Krueger, A. B. (1996b). School resources and student outcomes: An overview of the literature and new evidence from North and South Carolina. *The Journal of Economic Perspectives*, 10 (4), 31 – 50.

Card, D. & Krueger, A. B. (1992). Does school quality matter? Returns to education and the characteristics of public schools in the United States. *Journal of Political Economy*, 100 (1), 1 – 40.

Center on Education and Work. (1999). *Wisconsin Youth Apprenticeship : Another Road to Success——A Synthesis of Findings and Outcomes form Evaluation and Research Studies*. Madison, WI, Author.

Charnes, A. , Cooper, W. W. , & Rhodes, E. (1978). Measuring the efficiency of decision making units. *European Journal of Operational Research*, 2 (6), 429 – 444.

Chung, Y. P. (1990). Educated mis-employment in Hong Kong: Earnings effects of employment in unmatched fields of work. *Economics of Education Review*, 9 (4), 343 – 350.

Coleman, J. S. , Campbell, E. Q. , Hobson, C. J. , Mcpartland, J. , Mood, A. M. , Weinfeld, F. D. , & York, R. L. (1966). *Equality of Educational Opportunity*. Washington, DC, Government Printing Office.

Cooke, P. , Uranga, M. G. , & Etxebarria, G. (1997). Regional innovation systems: Institutional and organizational dimensions. *Research Policy*, 26 (4 – 5), 475 – 491.

Coronado, D. & Acosta, M. (2005). The effects of scientific regional opportunities in science-technology flows: Evidence from scientific literature in firms patent data. *The Annals of Regional Science*, 39 (3), 495 – 522.

Davies, T. (2008). University-industry links and regional development: Thinking beyond knowledge spillovers. *Geography Compass*, 2 (4), 1058 – 1074.

Deil-Amen, R. & Rosenbaum, J. E. (2004). Charter building and labor market contacts in two-year colleges. *Sociology of Education*, 77 (3), 245 – 265.

Dolan, R. C. & Schmidt, R. M. (1994). Modeling institutional production of higher education. *Economics of Education Review*, 13 (3), 197 – 213.

Dolton, P. & Vignoles, A. (1997). *The Impact of School Quality on Labour Market*

Success in the United Kingdom. University of Newcastle upon Tyne, Department of Economics.

Dolton, P. & Vignoles, A. (2000). The incidence and effects of overeducation in the UK graduate labour market. *Economics of Education Review*, 19 (2), 179 – 198.

Draper, D. & Gittoes, M. (2004). Statistical analysis of performance indicators in UK higher education. *Journal of the Royal Statistical Society. Series A (Statistics in Society)*, 167 (3), 449 – 474.

Ferguson, R. F. (1991). Paying for public education: New evidence on how and why money matters. *Harvard Journal on Legislation*, 28.

Foster, Phillip. (1965). The vocational school fallacy in development planning. In Arnold A. Anderson and Mary Jean Bowman, eds. , *Education and Economic Development.* Chicago: Aldine.

Fritsch, M. & Slavtchev, V. (2007). Universities and innovation in space. *Industry and Innovation*, 14 (2), 201 – 218.

Fuller, W. P. (1976). More evidence supporting the demise of pre-employment vocational trade training: A case study of a factory in india. *Comparative Education Review*, 20 (1), 30 – 41.

Gamoran, Adam. (1994). *The Impact of Academic Course Work on Labor Market Outcomes for Youth Who Do Not Attend College: A Research Review.* Washington, D. C. : National Assessment of Vocational Education.

Gamoran, A. & Long, D. A. (2006). *Equality of Educational Opportunity: A 40-year Retrospective.* Report for WCER Working Paper No. 2006 – 9.

Gates, Susan M. and Ann Stone. (1997). *Understanding Productivity in Higher Education.* Santa Monica, CA: RAND Corporation, http://www. rand. org/ pubs/drafts/DRU1596. 2012 – 04 – 12.

Gill, A. M. & Leigh, D. E. (2009). Differences in community colleges' missions: Evidence from california. *Economics of Education Review*, 28 (1), 74 – 79.

Goldrick-Rab, S. (2010). Challenges and opportunities for improving community college student success. *Review of Educational Research*, 80 (3), 437 – 469.

Griffin, L. J. , Kalleberg, A. L. , & Alexander, K. L. (1981). Determinants of early labor market entry and attainment: A study of labor market segmentation. *Sociology of Education*, 206 – 221.

Grubb, W. N. (1992). Postsecondary vocational education and the sub-baccalaureate labor market: New evidence on economic returns. *Economics of Education Review*, 11 (3), 225 – 248.

Grubb, W. N. (1997). The returns to education in the sub-baccalaureate labor market, 1984 – 1990. *Economics of Education Review*, 16 (3), 231 – 245.

Grubb, W. N. (2006). Vocational education and training: Issues for a thematic review. Report for OECD.

Grubb, W. N. (1996). *Working in the Middle: Strengthening Education and Training for the Mid-Skilled Labor Force*. Jossey-Bass Publishers, Inc.

Hanushek, E. A. (1997). Assessing the effects of school resources on student performance: An update. *Educational Evaluation and Policy Analysis*, 19 (2), 141 – 164.

Hanushek, E. A. (1979). Conceptual and empirical issues in the estimation of educational production functions. *Journal of Human Resources*, 14 (3), 351 – 388.

Hanushek, E. A. (2010). Education production functions: Development country evidence, in Eva Baker, Barry Mcgaw & P. Peterson, eds. , *International Encyclopedia of Education*. Amsterdam, Elsevier, pp. 407 – 411.

Hanushek, E. A. (2001). *Efficiency and Equity in Education*. Report for NBER.

Hanushek, E. A. (1986). The economics of schooling: Production and efficiency in public schools. *Journal of Economic Literature*, 24 (3), 1141 – 1177.

Hanushek, E. A. (2005). The economics of school quality. *German Economic Review*, 6 (3), 269 – 286.

Hanushek, E. A. (2003). The failure of input-based schooling policies. *Economic Journal*, 113 (485), F64 – F98.

Hanushek, E. A. (1989). The impact of differential expenditures on school performance. *Educational Researcher*, 18 (4), 45 – 51, 62.

Hedges, L. V. , Laine, R. D. , & Greenwald, R. (1994). Does money matter? A meta-analysis of studies of the effects of differential school inputs on student outcomes. *Educational Researcher*, 23 (3), 5 – 14.

Jenkins, H. (1995). *Education and Production in the United Kingdom*. Report for Economics Group, Nuffield College, University of Oxford.

Kantor, S. & Whalley, A. (2014). Knowledge spillovers from research universities: Evidence from endowment value shocks. *Review of Economics and Statistics*, 96 (1), 171 – 188.

Kempkes, G. & Pohl, C. (2010). The efficiency of German universities-some evidence from nonparametric and parametric methods. *Applied Economics*, 42 (16), 2063 – 2079.

Levin, H. M. , Jamison, D. T. , & Radner, R. (1976). Concepts of economic efficiency and education production. In J. T. Froomkin, D. T. Jamison & R. Radner, eds. , *Education as an Industry* (pp. 149 – 198). National Bureau of Economic Research.

Lindsay, A. W. (1982). Institutional performance in higher education: The efficiency dimension. *Review of Educational Research*, 52 (2), 175 – 199.

Matilainen, A. & Courtney, R. (2010). Best practices for co-operation between vocational education and nature-based enterprises. *Report for University of Helsinki Ruralia Institute Reports* 67.

McMillan, M. L. & Chan, W. H. (2006). University efficiency: A comparison and consolidation of results from stochastic and non-stochastic methods. *Education Economics*, 14 (1), 1 – 30.

McNabb, R. , Pal, S. , & Sloane, P. (2002). Gender differences in educational attainment: The case of university students in England and Wales. *Economica*, 69 (275), 481 – 503.

Meeusen, W. & Broeck, J. V. D. (1977). Efficiency estimation from cobb-douglas production functions with composed error. *International Economic Review*, 18 (2), 435 – 444.

Metis Associates, Inc. (1999). *Evaluation of the North Carolina Job Ready Initiative: 1998 Graduate Follow-up Survey*. New York: Author.

Middleton, J., Ziderman, A., & Adams. (1993). *Skills for Productivity: Vocational Education and Training in Developing Countries.* Oxford University Press.

Miller, Shazia R. (1998). Shortcut: High school grades as a signal of human capital. *Educational Evaluation and Policy Analysis*, 20 (4), 299 – 311.

Mincer, J. (1970). The distribution of labor incomes: A survey with special reference to the human capital approach. *Journal of Economic Literature*, 8 (1), 1 – 26.

Misko, J. & Wynes, S. H. (2009). *Tracking Our Success: How TAFE Institutes Measure Their Effectiveness and Efficiency—Case Studies.* Support Document. National Centre for Vocational Education Research (NCVER).

Mouw, T. (2003). Social capital and finding a job: Do contacts matter? *American Sociological Review*, 68, 868 – 898.

Mundle, S. (ed.) (1998). Financing Human Resource Development in the Advanced Asian Economies. *World Development*, 26 (4), 657 – 742.

Murnane, R. J. (1991). Interpreting the evidence on does money matter? *Harvard Journal on Legislation*, 28.

Murnane, R. J., Willett, J. B., & Levy, F. (1995). The growing importance of cognitive skills in wage determination (No. w5076). National Bureau of Economic Research.

Murphy, J. & Hallinger, P. (1986). *Education Equity and Differential Access to Knowledge: An Analysis.* The annual meeting of the American Education Finance Conference, Chicago.

Neuman, S. & Ziderman, A. (1991). Vocational schooling, occupational matching, and labor market earnings in israel. *The Journal of Human Resources*, 26 (2), 256 – 281.

Noy, M. V. & Weiss, M. J. (2010). The role of community college education in the employment of information technology workers in Washington state. CCRC Working Paper 23. Community College Research Center, Teachers College, Columbia University. New York.

Pascarella, E. T. & Terenzini, P. T. (2005). *How College Affects Students: A Third*

Decade of Research. Volume 2. Jossey-Bass, An Imprint of Wiley.

Pascarella, E. T. & Terenzini, P. T. (1991). *How College Affects Students: Findings and Insights from Twenty Years of Research* Vol. (1). San Francisco, Jossey-Bass.

Perna, L. W. (2006). Studying college access and choice: A proposed conceptual model. In *Higher Education* (pp. 99 – 157). Springer, Dordrecht.

Person, A. E. & Rosenbaum, J. E. (2006). Educational outcomes of labor-market linking and job placement for students at public and private 2-year colleges. *Economics of Education Review*, 25 (4), 412 – 429.

Ponds, R. , Oort, F. V. , & Frenken, K. (2009). Innovation, spillovers and university-industry collaboration: An extended knowledge production function approach. *Journal of Economic Geography*, 10 (2), 231 – 255.

Psacharopoulos, G. (1987). To vocationalize or not to vocationalize? That is the curriculum question. *International review of education*, 33 (2), 187 – 211.

Raudenbush, S. W. & Bryk, A. S. (2002). *Hierarchical Linear Models: Applications and Data Analysis Methods* (2nd edition). Thousand Oaks : Sage Publications.

Rizzuto, Ronald and Wachtel, Paul. (1980). Further Evidence on the Returns to School Quality. *Journal of Human Resources*, 15 (2), 240 – 254.

Rolle, R. A. (2004). Out With The old and in with the new: Thoughts on the future of educational productivity and efficiency. *Peabody Journal of Education*, 79 (3), 31 – 56.

Rosenbaum, J. E. , Kariya, T. , Settersten, R. , & Maier, T. (1990). Network and market theories of the transition from high school to work: Their application to industrialized societies. *Annual Review of Sociology*, 16, 263 – 299.

Rumberger, R. W. & Daymont, T. N. (1982). *The Economic Value of Academic and Vocational Training Acquired in High School.* Institute for Research on Educational Finance and Governance, School of Education, Stanford University, Stanford, CA.

Rumberger, R. W. & Thomas, S. L. (1993). The economic returns to college major, quality and performance: A multilevel analysis of recent graduates. *Economics of Education Review*, 12 (1), 1 – 19.

Ryan, J. F. (2004). The relationship between institutional expenditures and degree attainment at baccalaureate colleges. *Research in Higher Education*, 45 (2), 97 – 114.

Ryan, R. (2009). Making VET in Schools work: A review of policy and practice in the implementation of vocational education and training in Australian schools. *The Journal of Educational Enquiry*, 3 (1).

Smith, J. & Naylor, R. (2001). Determinants of degree performance in UK universities: A statistical analysis of the 1993 student cohort. *Oxford Bulletin of Economics and Statistics*, 63 (1), 29 – 60.

Sweet, R. (1995). Linking schools and workplaces: Lessons from australia and overseas. Paper presented at the National and International Convention of the Australian Institute of Training and Development. Queensland, Australia.

Todaro, M. P. & Smith, S. C. (eds.) (2006). *Economic Development*. Boston, Pearson/Addison Wesley.

Torp, H. (1994). The impact of training on employment: Assessing a Norwegian labour market programme. *The Scandinavian Journal of Economics*, 531 – 550.

Verstegen, D. A. & King, R. A. (1998). The relationship between school spending and student achievement: A review and analysis of 35 years of production function research. *Journal of Education Finance*, 24 (2), 243 – 262.

Walden, M. L. & Sisak, M. R. (1999). School inputs and educational outcomes in North Carolina: Comparison of static and dynamic analyses. *Journal of Agricultural and Applied Economics*, 31 (3).

图书在版编目（CIP）数据

高等职业教育的资源配置/刘云波著. -- 北京：
社会科学文献出版社，2020.3
ISBN 978 - 7 - 5201 - 6032 - 2

Ⅰ.①高⋯　Ⅱ.①刘⋯　Ⅲ.①高等职业教育 - 教育资
源 - 资源配置 - 研究 - 中国　Ⅳ.①G718.5

中国版本图书馆 CIP 数据核字（2020）第 014326 号

高等职业教育的资源配置

著　　者/刘云波

出 版 人/谢寿光
责任编辑/杨桂凤
文稿编辑/张真真

出　　版/社会科学文献出版社·群学出版分社（010）59366453
　　　　　地址：北京市北三环中路甲 29 号院华龙大厦　邮编：100029
　　　　　网址：www.ssap.com.cn
发　　行/市场营销中心（010）59367081　59367083
印　　装/三河市尚艺印装有限公司

规　　格/开　本：787mm × 1092mm　1/16
　　　　　印　张：12　字　数：189 千字
版　　次/2020 年 3 月第 1 版　2020 年 3 月第 1 次印刷
书　　号/ISBN 978 - 7 - 5201 - 6032 - 2
定　　价/89.00 元

本书如有印装质量问题，请与读者服务中心（010 - 59367028）联系

▲ 版权所有 翻印必究